小学校発ふるさと再生プロジェクト
「子ども観光大使」の育て方

松崎 力

まえがき

　日本の人口は減り続けている。子どもの数もどんどん減ってきている。だから大人たちは、特に過疎地といわれる地方ほど、将来の町の担い手である子どもたちを大切に育てている。

　ところが、成人した子どもたちは、過疎の町を捨てて都会へ出て行ってしまう。都会に出ていくことは、悪いことではない。子どもたちが思い描いた夢を実現するために、羽ばたく過程でもあるだろう。しかし残念ながら、中には「何も魅力のないこんな田舎から早く出ていきたい」と思っている子どもがいることも事実である。

　果たして何も魅力はないのだろうか。そんなことはない。どのような場所であっても、人に誇れる素晴らしい観光資源はある。子どもたちは、そのことを知らないだけなのだ。

　私たちは、ふるさとの素晴らしき観光資源と出会う機会を、子どもたちに提供しようと考えた。地域に残る素晴らしい歴史、伝統（工芸品・行事）、建築、食、景観等、調べれば魅力的な観光資源はたくさんある。ふるさとに愛着を見出せない子どもたちを、ふるさとの良さに気付かせ、大切にしている人々の思いに触れさせたい。

　そして、「ふるさと」をいつまでも大切にしたいという思いをもち続けてほしい。その思いこそが、ふるさと再生の起爆剤になると確信している。

　私は公立小学校の教師を務めている。授業の中でも、ふるさと再生を目指した授業を展開している。いわゆる観光教育という範疇に入る授業であるが、これらの授業は子どもたちに大変好評である。国語や算数などでは、活躍できない子どもも観光の授業では大活躍する。だから、荒れた学級でも観光の授業で学級が沈静化していくという事例はたくさんある。

私は民間教育団体 TOSS（トス／ Teacher's Organization of Skill Sharing）に所属している。全国にいる1万人を越える TOSS の仲間とともに、「観光・まちづくり教育全国大会」の開催や全国各地の小中学校における授業での実践活動等を通じて、次世代を担う子どもたちの「郷土を愛する心を育てる」ことを主眼とした観光教育を展開している。

　このことが評価され、TOSS は 2014 年 10 月に観光庁長官・久保成人氏から表彰状をいただいた。これを励みに、より一層観光教育に取り組んでいく所存だ。

　過疎化、少子高齢化等の社会問題、いじめや学級崩壊等の教育問題が渦巻く現代に、最も求められている教育こそ観光教育である。地域活性化を目指す方、学級を安定させたい教師たちに本書が役立つことを切に願っている。

　　　　　　　　　　　　　　　　　　　　　　　　松崎　力

目 次

まえがき ———————————————————— 3

第1章 急務！地域振興の種をまく ———— 9

1 ふるさとに惚れ込む子どもを育てる ———————— 11
　①文化は辺境の地に宿る
　②遅れている教育現場
　③待ったなし！　今すぐ始める観光教育
　④観光を教育で取り扱う３つの意味

2 目から鱗が落ちた観光の授業 ———————————— 20
　①住んでいる人も知らない驚きの観光資源を探る
　②驚きを生かす授業を作る「渡良瀬遊水地の授業」

3 そうだ！　テキストを作ろう —————————————— 27
　①北海道から沖縄まで全ての自治体の観光テキストを作成したTOSS
　②大反響を生んだ観光テキストの魅力
　③観光テキストは、どのように作られたか

4 地域振興の主役を育てる方法 ———————————— 39
　①教師にできる風評被害を打破する方法
　②子ども観光大使になって栃木県の良さをもっと知ろう
　③子ども観光大使で地域への思い入れを育てていく
　④観光資源として、何を取り上げるか
　⑤陰で支える教師たち「ザ・ボランティア」

第2章 観光の授業で学級の荒れが消えた ———— 51

1 あの大変な学級ががらりと変わった ————————— 53
2 過疎の町を救いたいという思いを湧き起こさせる ——— 56

3　「和菓子の町・茂木」を売り込もう─────────58
4　見て、聞いて、食べて、実感させる10のポイント─────60
5　なぜ変わったのか？　その答えはモンテッソーリ教育にあった────68

第3章　ふるさと再生の切り札「子ども観光大使」─────73

1　誰もが応援したくなる子ども観光大使─────────75
2　マスメディアも注目する子ども観光大使──────────77
3　子ども観光大使誕生までの手順───────────────78
4　次々と誕生する子ども観光大使──────────────80
　①世界遺産の地で誕生した子ども観光大使
　②絵本の世界で誕生した子ども観光大使
　③干瓢のふるさとで誕生した子ども観光大使
　④餃子日本一の町で誕生した子ども観光大使
　⑤近代産業を支えた歴史の山で誕生した子ども観光大使
　⑥「ブランドリンゴ」の里で誕生した子ども観光大使
　⑦受け継がれる伝統産業の地で誕生した子ども観光大使
　⑧皇室の食材を作っている牧場で誕生した子ども観光大使
　⑨ラムサール条約に登録された地で誕生した子ども観光大使
　⑩自然豊かな森の中で誕生した子ども観光大使
　⑪生乳生産本州一の地で誕生した子ども観光大使
　⑫芭蕉が訪れた俳句のメッカで誕生した子ども観光大使
　⑬人間国宝を生んだ陶芸の町で誕生した子ども観光大使
　⑭日本有数のラーメンの町で誕生した子ども観光大使
　⑮もの作りの町で誕生した子ども観光大使
　⑯紙すきの町で誕生した子ども観光大使
　⑰日本で最初にできた大学で誕生した子ども観光大使
　⑱生産量1位を続けるイチゴの里で誕生した子ども観光大使
　⑲栃木県子ども観光大使認定式
5　子どもたち、保護者はどう感じたのか──────────100
6　全国各地で次々と誕生する子ども観光大使─────────105
　①兵庫県一長い加古川で遊ぼう
　②「紙のまち」富士市で作ってみよう！「紙バンド」作品
　③世界の名古屋港水族館の魅力に触れよう

④国宝松本城の秘密を知ろう
　⑤真珠の玉出しとアクセサリー作りをしよう
　⑥国生みの地「伊弉諾神宮」の魅力を発信しよう
　⑦法隆寺の七不思議をさぐろう
　⑧新居浜を築いた別子銅山
　⑨日本の芸術文化「浮世絵」の印刷体験をしよう
　⑩親子で和菓子を作ろう
　⑪茶屋町で受け継がれている鬼太鼓に触れよう
　⑫レンコン掘りに挑戦しよう！

第4章　子ども観光大使 成功の10の鉄則 ……113

さあ今すぐ子ども観光大使を始めよう ……115

　鉄則1　行政・各団体との交渉は、1年前から行う
　鉄則2　信頼を得るために、多くの団体からの後援を得よ
　鉄則3　チラシを最大限に活用せよ
　鉄則4　参加者への連絡は、はがきが確実である
　鉄則5　感動体験をその場で発信させよ
　鉄則6　子どもたちの健康管理に、最善を尽くせ
　鉄則7　後援実施報告書や御礼新聞は、できるだけ早く提出する
　鉄則8　実施した時に、次年度の交渉を行っておく
　鉄則9　事務局の分担を明確にしておく
　鉄則10　認定式直前に、リハーサルを行っておく

あとがき ……144

第 1 章

急務！
地域振興の種をまく

1 ふるさとに惚れ込む子どもを育てる

①文化は辺境の地に宿る

　文化発祥の地という言葉がある。
　古代であればエジプトやメソポタミアなどであろう。
　その地で生まれた文化は人の手を介して広がっていく。
　多くの地は、訪れては去り、そしてまた新たな文化が訪れる。
　ところが、辺境の地では、文化が溜まる一方である。
　溜まり続ける文化は、その地で熟成していく。
　その地こそ、ユーラシア大陸の東の端に位置する日本である。
　ヨーロッパやインドの文化が、中国を経て日本にやって来る。文化の終着点が日本となる。
　古来より日本独自の文化を育んできたこの土地に、海外から文化が流入し熟成していく。
　大仏を例にとって考える。
　木で作られていた大仏が、技術の進歩により石で作られるようになった。
　そして、その技術は日本に伝わりさらに発展して、銅で鋳造されていく。
　今から1200年以上も昔に、あれほど大きな大仏と大仏殿を作り上げたのである。技術と熱意は、相当なものであった。

優れた鋳造技術の奈良の大仏

これらも、外国から大仏という文化が入り込み、あまたの手と土地を経てから日本に入ってきたおかげで為し得た事業である。
　大仏を一例として取り上げたが、成熟していく文化は、外国人のみならず日本人にとっても魅力的な文化であろう。
　このような伝統的な文化が、日本各地に多数存在する。
　新しい文化の発信もある。
　アニメや秋葉原周辺の若者文化は、世界の若者の心をとらえ、独自の文化として発展している。日本は文化的魅力が満載された国なのだ。

②遅れている教育現場

　魅力的な文化満載の日本であるから、海外から日本に訪れる外国人は相当に多いと予想される。
　しかし、2012年までは日本を訪れる外国人は、835万人であった（日本政府観光局発表）。この数が多いかどうかは、様々な事案を比較検討しなければならないので、一概に決めつけることはできないだろう。
　ただ、世界各国と単純に人数だけで比較してみると、日本は上位30位にも入っていない。
　政府が「観光立国日本」を謳い文句に、本格的に観光に力を入れ始めたため、2013年に日本を訪れた外国人は初めて1000万人を超えることができた。
　この数はこれからもますます増えていくだろうと予想される。
　多くの外国人が日本を訪れることには、どのようなメリットがあるのだろうか。
　例えば、多くの外国人が日本でショッピングをすれば、外貨を獲得することができる。
　また、日本の文化について詳しく知ってもらうことができ、日本

への理解が深化するだろう。
　互いの国の友好関係が、より一層深まっていくことにも繋がっていく。
　これらのことを実現しようと、観光立国推進基本法が成立した。観光が、これからの政策の中心に位置するようになったのである。
　この法律は、観光を通して、日本を豊かな国にするという理念のもとに成立している。
　それだけではない。
　人々が、自分たちの住んでいる地域に誇りと愛着を持ち、活力に満ちた地域社会へと発展させることもねらっている。
　教師として、観光立国を推進する目的はここにある。観光立国教育である。
　授業を通して、ふるさとを愛する子どもたちを育てていく。
　そのことによって地域に活力を生み出していく。
　しかし、日本の学校教育において、観光教育という枠組みは今までなかった。
　観光という言葉が、レジャーや物見遊山を印象付けるからであろう。
　子どもたちが学校を欠席する時には、体調を崩したり身内に不幸があったりと、誰もが納得する理由がある。
　ところが、「旅行に行くので休みます」という連絡が入ると、多くの教師は「旅行で欠席とは、何を考えているんだ」という思いをもつ。
　今でこそ、家族で旅行することの大切さが認識され、ハッピーマンデーなるものも登場しているが、数年前までは「旅行は、学校が休みの時に行くもんだ」という暗黙の了解が流れていた。
　こういったことから、学校の中に「観光」という言葉はなじまなかった。

③待ったなし！　今すぐ始める観光教育

　戦後、GHQによる支配のもと、日本は主権を失っている状態であった。

　その状況下、「戦争を引き起こした日本は、悪い国だ」「今までの教育の全てを否定して、新しい教育を行うべきである」という風潮のもと、かつて外国人に絶賛されてきた日本の教育制度は見る影もなくなった。

　昭和30年代半ばに生まれた私自身の経験であるが、小・中学校で戦争の話になると、「日本は悪い国だった」という後ろめたい気持ちになった。

　具体的な内容は忘れてしまったが、戦争の責任は全て日本にあり、そこに住む日本人は常に謝罪し続けなければならないという教えだったと記憶している。

　果たしてそれは本当のことなのだろうか。

　戦争は悪いことである。しかし、国際間の紛争がどちらか一方にだけ非があるということは考えられない。あくまでも戦勝国による、敗戦国への一方的な非難である。

　日本は良い国である。日本に住む私たちがそう思わなければ、豊かな国へと発展することはできない。

　2014年2月に行われた子ども観光大使栃木県大会で、福田富一栃木県知事は、ある若い通訳者のエピソードを話した。その若者は「日本が嫌いだから、通訳として外国に出てきた」そうだ。「日本が嫌いと言うのは、日本を正しく理解していないからであって、それで果たして日本の正しいことをきちんと通訳できるのか」と憤りをあらわにしていた。

　日本には素晴らしいものがたくさんある。自然、食、建築、工芸、人材など挙げればきりがない。それらを求めて、諸外国から日本に

訪れる観光客は、年間1000万人を超え増加中だ。

　ただし、そのようなものも、教材として取り上げて、子どもたちの前に提示しなければ、その良さに気が付かない。

　私の勤務地は、山間にある。大変のどかな地域である。校庭を野兎やタヌキが走り、時にイノシシが学校園を荒らす問題も起きるが、自然が豊かであるという証拠である。

　窓から見える景色は雄大で、四季折々の変化を見せてくれる。その素晴らしさに訪れる人は一様に驚きの声を上げる。

　また、眼下に広がる棚田も素敵な景色であるとともに、収穫されたお米は美味しいと評判である。

　このことを子どもたちはどう思っているのか。毎日見ている山の景色には、特に何とも感じていない。

　大人には魅力的な棚田も、ゴールデンウィークに行う田植えの際に、最も大変な場所という認識でしかない。長い上り坂を重い荷物を抱えて行きつく場所である。その後に田植えが待っているのだから、子どもたちにはきつい作業である。

　棚田は、景観が素晴らしい。棚田に水を張ると、天気の良い日はキラキラと輝いて見える。月夜には、棚田一枚一枚に月が映る「田毎の月」が見られることもある。

　棚田で作られたお米は美味しいと評判である。人気があり、販売するとすぐに売り切れるという棚田米もある。

　目に見えている事象でも、教えなければ気が付かないことが多い。そのものの良さは教えて、初めて気が付くのである。その良さこそが、教材となる。

　授業の中で、地域の素晴らしさに気が付いていく。

　毎日見ているものの中にある素晴らしさに気が付いた時、自分たちの地域に誇りを感じるようになる。地域に誇りを感じることは、そこに住む自分たちをも肯定することに繋がっていく。

残念なことに、2009年に英誌「エコノミスト」が発表した調査結果によると、世界33か国中、自国に対する誇りが最も低い国は日本となっている。日本の若者の自己肯定感の低さが指摘されている昨今、観光立国教育は、この問題を克服する可能性を大いに秘めている。

④観光を教育で取り扱う３つの意味

　観光教育を行うにあたり、確認しておかなければならないことがある。それは、なぜ観光教育を（学校で）子どもたちに行うかということである。

　観光教育という言葉が、学校教育の中に徐々に浸透はしてきているが、総合的な学習の時間に位置付けられているという学校は、まだそれほどないのではないか。

　総合的な学習の時間は、児童の興味関心に沿って計画を立てたり、地域の実情に合わせて計画を立てたりできるという特徴を持つ。そこに、新たに観光教育を提案するのだから、説明責任が生じる。

　観光教育を教室で実践する意味を次のように考える。

　第一の意味は、地元を知らない子どもたちに、地元を見直すきっかけを与えることである。自分の住んでいる地域に、どのようなものがあるのかをまずは知ること、そこが出発点である。地元の文化的施設や自然環境を知ることにより、地域の良さの再発見に繋がっていくと考える。

　前述したが、常に目にしている場所であっても、意外にその良さや価値を知らないことは多い。

　自分たちの住んでいる場所を調べていくと、いつも通学の時に目にしていた神社にある古い歴史や伝統を知ったり、その地を治めてきたお殿様の武勇伝を知ったりする。こういった学習の繰り返しで、自分たちの地に誇りを持ち、愛着へと繋がっていく。

第1章 急務！ 地域振興の種をまく

　さらに、地元にとっては厄介者と思われるものが、実は魅力的な観光資源ということもある。

　北海道・東北地方では、毎年冬になると、地吹雪が吹き荒れる。2015年2月、北海道羅臼地方をおそった大寒波の時は、町を孤立化させるほどの地吹雪が吹き荒れた。

　地元の人にとっては、この地吹雪は毎年やって来る厄介者なのである。

　ところが、雪すら見たことがないという人にとっては、地吹雪を一度は体験したいという思いがあるようで、地吹雪を体験するツアーもある。特に東南アジアの熱帯地方の人々が、このツアーに参加している。

　地吹雪は、自然現象であるので、必ず体験できるとは限らない。運よく体験できた人たちは、地吹雪の猛威に驚く。

　しかし、体験できない人もいる。青森で行われている地吹雪ツアーは、体験できなかった人のために、ストーブ列車を体験し、馬車で雪道を走り、広い雪原を独り占めし、おいしい料理を堪能し、太宰治の斜陽館を訪ねるというメニューを取り揃えている。

　当たり前のように起こる地吹雪が、暖かい国の人々にとっては、一度は体験したい魅力的な自然環境なのである。これも日本の再発見である。

　第二の意味は、地元の良さの再発見から出発して、子どもたちの視野を日本各地に広げていくことにある。

　21世紀を生きる子どもたちには、国際的な視野をもってほしい。国際

視界不良で危険を伴う地吹雪

的視野というと、すぐに外国のことを学ぶことと考えがちである。

　もちろん外国について調べることは大切なことと考える。

　しかし、その前にやるべきことがある。それは自分たちが生まれ育った、この日本についてしっかりとした認識を持ってほしいということである。

　外国に留学した学生たちが、留学先の学生に「日本は、どのような国か？」と聞かれて、答えに窮したという事例を聞くことは多い。その姿を見て、「自分の国なのに、何も知らないの？」とがっかりされたというおまけ付きである。

　日本という国を、自分なりに学び、その上で外国に行き、日本と諸外国との違いを比較検討してもらいたい。そうすることで、日本についても、外国についてもより深い学びが得られるだろう。

　さらに、後世まで伝えていかなければならない世界的な遺産についても学習したい。

　文化や自然などは、一度こわれてしまえば修復は難しい。大切に伝えていくという意識を育てることに繋がる。

　第三の意味は、観光教育は子どもたちにとって楽しい学習だということである。

　自分の知らないことを学べるというのは、楽しい活動である。知っていそうで実は知らなかったという内容であれば、逆転現象が驚きを導いてくれる。これが知的好奇心をくすぐっていく。

　観光教育は、学校現場では総合的な学習の時間に行われることが多い。この時間は、教科書がない。

　学校によって多少の違いがあるから一概には言えないが、私は年間指導計画にある目標を達成するために、児童の実態や興味などに合わせて修正している。

　つまりは、自由度が高いのである。どのような学習課題を立て、何で調べ、どう表現するかを自分で考えていく。

それらを決定するのは、すべて子どもたちである。求められるのは、なぜそのように考えたかという理由である。
　このような自己決定は、自己肯定感の向上に繋がっていく。だから楽しいのだ。

2 目から鱗が落ちた観光の授業

①住んでいる人も知らない驚きの観光資源を探る

　都道府県の観光ブランドをランク付けする時、栃木県、茨城県、群馬県の北関東３県は、常に下位を低迷している。

　ある年は、この３県で最下位から３つを独占していた。それだけ、他の地域の人にとってこの３県は、なじみが薄く、知られていない存在と言われても仕方がない。

　私は、この３県を「がけっぷちの北関東トリオ」と呼んでいる。

　でもそんなはずはない。この地域にだって、他に誇れる素晴らしい観光資源がたくさんあるはずである。それを他の人たちは知らないだけである。いや、そこに住んでいる私たちも知らないところがあるはずだ。

　授業には、子どもたちに伝えたい内容がある。その内容は、感動を伴ってこそ、子どもの中に実感として残る。感動は驚きをもって伝えられる。

　このことを考えると、地域に残る知られざる観光資源こそ、授業化する価値がある。

　がけっぷちの北関東３県のちょうど接点にあたる部分に、渡良瀬遊水地がある。

　田中正造で有名な旧谷中村があった場所である。足尾鉱毒事件の舞台となったこの場所に、遊水池を作った。それが渡良瀬遊水地であるが、面積は約3300ha、東京ドームの約700倍、南北に約９km、東西に約６km、周囲30kmと広大である。上空から見るとハートの形をしているのが特徴でもある。

第1章　急務！ 地域振興の種をまく

　ただし、池自体の透明度は低い。私は、この池を泳いだことがあるが、ゴーグルをしていてもほとんど水中が見えない状態であった。間違えて水を飲んだ時には、泥の味がした。

　周りには、広大なヨシ原が広がっているが、美しいという印象はなかった。

　この遊水地を1年間にどれだけの人が利用するだろうか。

　例えば、「①約1000人」「②約1万人」「③約10万人」「④約100万人」という選択肢を設ければ、あなたはどれを選択するだろうか。

　正解は、④の約100万人である。この数字を提示するとほとんどの人が驚いていた。

　なぜこれほど多くの人が利用にやって来るのか、疑問だった。これが授業を作る出発点であった。

②驚きを生かす授業を作る「渡良瀬遊水地の授業」

　2枚の渡良瀬遊水地の写真を提示する。

　渡良瀬遊水地の2枚の写真を提示して次の発問をする。

> 〈発問〉　ヨシの原が広がる渡良瀬遊水地、行ってみたいと思う人は、手を挙げましょう。

　このように聞くと、ほとんどの子どもは手を挙げない。子どもた

ちにとって、ヨシの原は魅力ある土地ではないからである。

> 〈発問〉 この渡良瀬遊水地に、1年間で何人の観光客が訪れると思いますか。当てはまると思う人数に手を挙げましょう。
> ①1000人 ②1万人 ③10万人 ④100万人

　正解は④の100万人であるが、この選択肢であれば、②ないしは③が多く、④の100万人を選ぶ子はほとんどいなかった。
　正解を告げると、子どもたちから驚きの声が上がる。と同時に、「本当に100万人も来るのか？」という疑問もわいてくる。そこが、関心を高めるポイントになる。

> 〈説明〉 この場所に行くとこのような植物を見ることができます。

コキツネノボタン

　私が見せた写真は「アゼオトギリ」「ハタケテンツキ」「トキホコリ」「オニバス」「コキツネノボタン」である。

> 〈発問〉 これらの植物に共通することは何でしょうか。

　このような発問は、知識を持ち合わせている子は発言することができる。そうなると、分からない子の興味は半減してしまうので、

> "絶○危○種"

という具合に板書をすると、「あ、聞いたことがある」と活気づく。

第1章　急務！ 地域振興の種をまく

〈説明〉　正解は、絶滅危惧種です。いま見に行かないと、もう見られなくなってしまうかもしれない植物がたくさんいるのです。渡良瀬遊水地には、絶滅が心配されている植物が50種類以上います。
　　　　ですから、植物が好きな人たちは、ここにたくさん集まってきて、植物を観察しているのです。
　　　　さらに、ここにはたくさんの野鳥もやってきます。

　ここでいくつかの野鳥の写真を見せる。
　写真は、子どもたちのイメージを広げさせるので、ぜひとも提示したいところである。

白鳥

ハヤブサ

カモ

〈説明〉　渡良瀬遊水地には、カモ、雉、ホオジロなどの野鳥の他にフクロウやカワセミ、白鳥、ハヤブサなども姿を見せます。
　　　　その数は、100種類以上とも言われています。

〈発問〉　どのような人たちが、渡良瀬遊水地にやってきますか。

　先ほどの絶滅危惧種の例もあるので、子どもたちからは「野鳥が

好きな人」とすぐに答えが出てくる。
　野鳥を観察している人たちの写真などを提示すれば、よりイメージがつきやすくなる。

> 〈説明〉　貴重な植物や好きな動物を見に来ることを「観察体験」といいます。

　この「○○体験」ということが、この授業のポイントになる。
　渡良瀬遊水地は、季節によって朝夕の光景が大変美しい。冬の朝は、白くなった野原の上に霧がかかって幻想的になる。夕日の赤が、湖水を染める夏も素敵だ。

> 〈発問〉　このような風景を求めてやって来る人がいます。どんな人でしょうか。

　答えはカメラマンである。
　渡良瀬遊水地は、四季折々の風景をカメラマンの前に提供してくれる。
　続いて、野焼きの写真を見せる。

> 〈発問〉　新しい芽が育つように、古いヨシを焼く野焼きです。真っ黒い煙がもうもうと立ち上り、あたり一面すすだらけになります。この野焼きを心待ちにしている人がいます。どのような人でしょうか。

　これはかなり難しいだろう。
　野焼きというのは、非日常の世界である。たき火をしたことがある人も多いだろうが、最近は火事防止のために、たき火はほとんど

第1章 急務！ 地域振興の種をまく

見られなくなった。

 まして、野焼きのように、広大な面積を一気に燃やしてしまう場面は、ほとんど見られない。迫力満点の光景である。

 正解は、カメラマンである。野焼きの当日は、見晴らしのいい土手にカメラマンが大挙して押し寄せる。

黒い煙が立ち込める野焼き

〈説明〉 美しさや迫力を求めてやって来ることを「感動体験」といいます。

このように、ポイントとなる体験でくくっていく。
 渡良瀬遊水地は、周りにある土手は道路になっている。
 その写真を見せるが、普通の道路と違うところがある。何かがないのである。

〈発問〉 右の写真は、渡良瀬遊水地を囲む土手にある道路です。この道路には、通常の道路にある何かがありません。それは何でしょうか。

渡良瀬遊水地を囲む道路

 正解は、ガードレール、信号、センターライン、横断歩道、標識などである。

25

〈発問〉　これらがないのは、どうしてか、そのわけを予想しなさい。

　渡良瀬遊水地には、自動車が入ってこない。従って、センターラインなど、自動車に関係するものはないのである。

〈説明〉　自動車が入ってこない道路があるので、安心してマラソン大会を開くこともできます。ローラースケートの大会やトライアスロンの大会も行っています。他には、ウィンドサーフィンやバルーンフェスティバルなども開催しています。これらにより満足感や達成感を得ます。これらを求めてやって来ることを「充実体験」といいます。

　前述したように、人造の池である渡良瀬遊水地は、上空から見ると少し歪んでいるが、ハートの形をしている。渡良瀬遊水地の上空写真を見せて、次のように問う。

〈発問〉　渡良瀬遊水地には、日本一があります。何でしょうか。

　写真を見れば、答えは「ハート」であるということがよく分かる。
　渡良瀬遊水地のある栃木市では、「ハートランド構想」を打ち出し進めているほどだ。
　このように、渡良瀬遊水地一つをとっても、そこに住んでいる人も分からない魅力が満載されているのである。
　そういった観光資源を開発して、驚きとともに子どもたちに提示していきたい。

ハートの形

3 そうだ！テキストを作ろう

①北海道から沖縄まで全ての自治体の観光テキストを作成したTOSS

　授業をする時に、最も大切なことは教科書があることである。

　教科書があれば、そこに書いてある内容を分かりやすく教えることに専念すればいい。

　教科書があることによって、若い教師も、ベテランの教師も同じように授業を進めることが可能になる。実際には、しっかり勉強をしなければ、年齢に関係なく分かりやすい授業を行うことはできない。

　観光教育には、教科書がない。行き当たりばったりで、内容が拡散するような懸念が生じる。

　そこで、観光を主題としたテキストを作成することになった。

　私が所属しているTOSS（教育技術法則化運動）は、全国に2万人の会員がいる日本最大の民間教育団体である。

　そのメンバーが総力を挙げて、全国各地の自治体ごとのテキストを作成した。

　平成の大合併以前であるから、1810もの数にのぼった。

　テキストがあれば、指導する内容が明確になるので、安定した授業を展開することができる。

　小学校では、3年生と4年生で、地域を学習する。使用する教材は、地域で作成した副読本である。地域の様子や生活、安全などの学習をするために作成された内容なので、観光については特産品程度しか書かれていない。

　これらを取り上げて、観光資源として授業をすることは可能だろ

うが、教師によって教材開発力の差異が生じてしまい、安定した授業を提供できるとは言い難い。

テキストとは、発問や指示が明確に書かれており、それを読むだけで授業として成り立つものをいう。

しかし、そのようなテキストはなかったので、自分たちで作成するしかなかった。

しかも、取り上げた市町村の首長のメッセージ入りである。

首長たちは、観光教育に対して大変理解を示してくれる。全国の多くの首長が快くメッセージを提供してくれた。

全国のメンバーが総力を挙げて作成したテキストにより、各教室で、自分たちの地元の観光資源について学ぶ子どもが急増していった。

②大反響を生んだ観光テキストの魅力

栃木県でも、当時の全市町村でテキストを作成した。

このテキストは、大反響があった。特に反応をしたのが、新聞やラジオなどのメディアである。

栃木県の地方紙で、最も多くの読者を得ている下野(しもつけ)新聞は、その当時に巷を賑わせている人物に焦点を当てて紹介する「話題人」という特集があった。

この特集に、我々を「観光立国教育を進める教諭グループTOSS栃木」と紹介し、「子供に『価値』教えたい」という見出しで、5段抜きの記事を掲載した。

記事は、テキストを作った目的、その特徴、テキストを使った効果や子どもたちの反応など、私に対して行ったインタビューを詳しく掲載している。破格の取り扱いである。それほど、教師が自分たちでテキストを作り、地域おこしに取り組んでいることに興味があったのだろう。

さらに、NHK宇都宮から出演依頼が来た。

30分番組の中で「なぜ、観光教育をするのか」「教師がテキストを作る利点は何か」と矢継ぎ早にインタビューをされた。

ここで考えてみたい。どうしてテキストを作り観光教育をするのか。

少々固くなるが、その根本から考えてみる。

授業の質は、教師の質で決まる。教師の腕が低ければ、授業内容も貧困となる。

楽しくない、つまらない、分からないという授業の責任は、教師にある。

腕のない教師に共通するのは、教材研究をほとんどしないということだ。

漢字の指導にしても、自分が小さいころに習った方法しか知らない。

観光テキスト

それがいいか悪いかなど関係ない。それしか知らないのだから、習ってきた方法がいいと一途に信じている。

心ある教師は、「授業の命は教材研究にある」と考えている。

教師がどれだけ教材についての造詣が深いか、そこが問われる。

私は、TOSSが行っている授業技量検定で検定者をしている。検

定を受けた人ならば分かるが、大変緊張をする場である。

　授業の力を上げたいと心から願っている教師たちの真剣勝負の場だ。皆、よく教材研究をしてくる。だから、授業は学校でも群を抜いてうまい教師が多い。

　その場で問われるのは、教材研究の広さと深さだ。時に、どれだけの年月をかけてきたかという量も問われる。

　最近目立ってきたのは、授業の裏づけを示す全体構造図を添えて授業をする教師だ。素晴らしいことだと思っている。

　わずか数分間（TOSSの授業技量検定で最高ランクのA表でさえ10分間）の授業に、それこそ「命をかけている」という思いで取り組んでいる。

　日常の授業においては、そこまでの思いはないかもしれないが、教材研究が大切であるという原則は変わっていない。

　観光教育で考えてみる。観光教育の原則は、地域の良さを子どもたちが調べ、発信していくことにある。

　その過程において、子どもたちは自分が住んでいる地域の良さを初めて知ることになり、地域が好きになっていく。

　将来、どのような人生を過ごすかは人それぞれだろう。

　それでも、ふるさとのよさを知った子どもたちは、それぞれの心のどこかにふるさと・地域に思いをはせ、生活してくれるのではないか。

　地域の良さを調べさせる前に、教師がその地域をよく知っていなければならないというのは当たり前だろう。

　教師は調べるのである。調べた上でいろいろと集め、その中から子どもたちに有益な内容で授業を組んでいく。

　以前は、「足で稼げ」という言葉がよく聞かれた。

　私も先輩教師から、何度もこの言葉を言われてきた。ありがたいことだった。

第1章　急務！地域振興の種をまく

　初任の地で、5年生の社会科の授業を組む時、地元の工場に連絡をして見学をした。
　どの工場も、快く迎えてくれ、「子どもたちのためならば」と資料をたくさん分けてくださった。
　役場にもよく出向いた。役場ほど、観光の点から地元の良さを広めてほしいと願っているところはない。
　そこに、地元の子どもたちが絡むとなれば、願ったりかなったりだ。
　観光商工課に出向いて、パンフレットをいただく。そこには美しい写真がたくさん掲載されている。
　これらの写真を使わせてほしいとお願いすると、「授業の中だけならばいいですよ」という条件は付いたが、使用することができた。
　このパンフレットは、教師の教材研究の資料にもなる。
　足で稼ぐというのは、インターネットの時代にはいささか古い言葉に聞こえるかもしれないが、不易の部分である。
　また、どの市町村にも、町の変遷を記した歴史書がある。町史というものである。
　私の勤務地では、図書室と校長室に常備されている。
　教師ならば、一度は勤務地の歴史書に当たることを勧める。歴史観光スポットの裏づけを得ることができる。
　驚く発見もある。栃木県の山奥の町、ここは二宮尊徳と関係のある町だった。尊徳（報徳）仕法で町が再生した記録がある。
　野口英世が幼少の頃、やけどをした手の手術費を捻出するために尽力をした担任の先生は、私の隣の学校で退職された。
　パンフレットには記されない観光素材を得ることができる。
　このように取材をした中から、子どもたちに最も知らせたいものを選択する。教材として価値あるものを選ぶことも、教師の技能向上に役立つ。

テキストの構成も重要になる。子どもたちが質問をしてくるような内容では駄目である。例えるならば、自習時間に行っても、子どもから質問が出ないような内容になっていれば完璧なテキストに近い。
　テキストは、発問と指示で構成される。写真やグラフ、表などの資料も多く取り入れる。
　全体的には、易から難へと展開していく。
　このようなテキストを作成することは、教材作りの腕を向上させる。
　そしてメディアがもっとも驚いたのは、教師がボランティアで行っている点である。
　子どもたちのために、学校の仕事以外で、休日を使ってテキストを作っているのである。これらは、まさに教師にできる社会貢献活動である。それを可能にするのも、観光教育の魅力の一つであろう。

③観光テキストは、どのように作られたか

　観光立国教育を行う意味は、次の3つである。

---

①地元を見直すきっかけとなる
②地元から日本へ視点を広げる
③子どもたちに魅力的である

　これらを実現するために、総合的な学習の時間に実践をする。
　そのために必要な教材として、全国各地で観光立国テキストが作られた。
　TOSSは当時の日本のすべての自治体約1810のテキストを作成した。
　このテキストは、地元の良さに焦点を当てたものであるが、それ

らも単に「そこにあるからスポットを当てた」というものではない。
　バックボーンがある。
　それは「戦後最大のツーリズムプロデューサー」といわれたアラン・フォーバスの提唱したアトラクティブズ論である。
　アランが提唱した観光地の魅力のポイントは6つある。
　1つは、歴史である。歴史のあるまちには、その建造物などを目当てに人は集まってくる。
　建物や歴史的工芸品、または歴史的芸能などは、多くの人を招き入れる。
　有名なところでは、京都や奈良、鎌倉や日光などがある。休日ともなれば多くの人で賑わっている。
　しかし、自分たちの故郷にも、実は有名な歴史がある。
　有名ではないにしても、歴史的に価値があったり、人々が大切に守ってきた歴史があったりする。
　普段何気なく横を通っていた寺院が、実は歴史的に重要な役割を果たしたものだということに気がつけば、その寺院に対する見方が変わったり、自慢に思ったりする。
　このような体験や思いを子どもたちに提供するために必要なのが観光立国テキストである。
　2つ目は、物語のあるものである。その場所に行くと、非日常的な物語を体験することができる。
　その場所に行けば、普段体験できないような夢の世界を体験できるとなれば、多くの人が訪れる。そのような場所は、遊園地に代表されるようなアトラクションのある場所である。
　有名なアーティストが誕生した町にも、人々は訪れる。その町には、アーティストに関する様々な物語が散りばめられている。その魅力的な場所を目指して、人は集まる。
　自分が長年憧れてきたアーティストと同じ場所に立って、当時に

思いを馳せながら物語を共有する。
　ともに共通することは、普段できないことを体験するということだ。これを「非日常性」と考える。
　この非日常性こそが、人々をひきつける魅力となる。
　TOSSは、様々な企画を実現させてきた。全国の自治体すべてで観光立国テキストを作成するという企画も、その一つである。
　それらは、必ず裏付けとなるバックボーンが存在する。単なる思い付きだけの内容ではない。
　観光テキストの作成は、アラン・フォーバスの６つのアトラクティブが、バックボーンである。
　これまで歴史、物語と紹介したが、これらにしても、私たちが通常目にするようなものには魅力を感じないだろう。その場所に行かなければ、体感できないようなものにこそ魅力を感じるのだ。
　繰り返すが、それこそが「非日常性」である。
　アランが提唱した３つ目は、リズム＆テイスト。音楽に特徴があり、出かけてまで食べたい食がある所という意味である。
　音楽の名所となれば、どこを想像するだろうか。
　クラシックやジャズ、ロックなどが盛んな場所か。それとも、有名ミュージシャンの出た町か。どれも、自分の身近にないものであるから、遠くても出かけていく。
　あるいは、祭りを奏でるお囃子だ。独特のリズム感と音色で、その音楽が聞こえてくると胸がわくわくしてくる。
　遠くから聞こえてくるお囃子の音色に誘われて、多くの人が外に繰り出し賑わっていく。これこそ、日本の伝統的なお祭り風景であろう。
　お祭りと一括りにしてしまえば、全て同じように感じるだろうが、その土地特有のお祭りの風景、においがある。そこに非日常性がある。それを求めて、遠くの祭りに人々は出かける。

第1章　急務！　地域振興の種をまく

　アランが音楽とペアにしたのが「食」だ。
　私は、大変不思議に思った。音楽を聴きながら食事をするということはあるだろうが、そこに非日常性を感じることはない。
　ディナーショーなどは、非日常的ではあるが、それはある特定の場所のみに起こり得る内容とは言い切れない。
　ではなぜ、この2つを1つにしたのか。
　それは音楽も食も人間が創造するものであり、舌で感じ、耳で楽しむという五感を直接働かせるものという括りではないだろうか。
　さらに、どちらもその土地独特の風土が醸成してきたものである。音楽を世界的に見れば、サンバやフラダンス、フラメンコなどその地のリズムである。
　食も、その地で長く育まれてきたものである。
　私たちが普段接することのないその地独特の風土を求めて、多くの人は集まってくる。
　アランの提唱したリズム＆テイスト一つを考えても、実に奥が深いと感じた。
　4つ目は、「ガール＆ギャンブル」つまりは、女性の魅力を前面に出した内容とギャンブルというスリル感を味わうということになる。
　学校教育には不似合いの内容となるだろうが、観光という面においては、重要なポイントである。
　最近、日本にも公営の「カジノ」を作ろうという動きがある。この報道に際して、必ず登場するのが、これらに反対する人たちの主張だ。その内容は「ギャンブルによって、破産したり、生活が乱れたりする人たちがいる」「青少年に対して、風紀上問題がある」というもの。
　確かにそのような懸念が生じる土壌が、日本にはあると思う。時代劇に出てくる「博打」の風景は、裏社会の代表格のようなもので、

35

現代でもパチンコに興じるあまり車に放置された乳幼児が死亡するという事件も、「ギャンブル＝悪」という風潮に拍車をかける。

　私は、シンガポールのカジノに行ったことがある。

　この場所は、外国人を対象とした場所であり、入場する際にはパスポートが必要になる。地元の人は入ることができない。あくまで、外国人にたくさんのお金を使ってもらおうというのが、目的で作られている。

　外国人である私は、パスポートを提示して入場したが、一介の公務員であるために、多額の投資をすることはない。

　しかし、我々が想像することすらできないようなものすごいお金持ちがいる。

　そのような人たちは、飛行機では来日しないそうだ。プライベート豪華客船で来日し、沖合に停泊する。そこからプライベートヘリコプターで会場に直接入る。すべてがプライベートなのである。

　このような人たちが日本に入り、多額のお金を日本に落としていく。

　日本の青少年がギャンブルで破滅する、などということは想定の中に入っていないのだ。

　あくまでも、ものすごいお金持ちが、日本に対して（我々が一生目にすることのない）多額の投資を「公営カジノ」という場で行ってもらう。むろんお金持ちの人生に支障は生じない。

　世界のカジノ市場は、2015年には、20兆円の収益を得るという報告もある。年間10％の成長率を続けている。

　これらの数字から、世界はカジノ産業に対して未来志向を抱き、どの国も力を入れて取り組んでいきたい観光資源なのだ。「風紀上悪影響があるから」という報道とはかけ離れた事実がある。

　カジノによる多額の外貨が日本に入れば、その利益を復興や福祉に転用できる。ギャンブルは、今一度、注目し議論したいアトラク

第1章　急務！　地域振興の種をまく

ティブである。

　5つ目にはサイトシーン。景色が良くて気候がいい場所である。
　これは、比較的簡単に理解できるだろう。
　人は誰でも、景色の良いところに行ってみたいという思いがある。その思いを達成するために、高い費用をかけて、時間を使って出かけていく。そのような観光地は、日本中のどこにでもある。
　ところが、自分の身の回りにそのような場所があっても、気が付いていない子どもは多い。
　次の写真は、私の勤務校の窓から見える景色である。
　訪れる人は、皆口々に「素敵な景色ですね」「素晴らしいです」という言葉を述べる。
　しかし、毎日この景色を見ている子どもたちは、

豊かな自然が広がっている

まったく価値あるものとは思っていない。
　近くには、棚田がある。田植えが済み、一面が緑一色になった時、刈り取りをした時の風景など、とても素敵である。
　これも、子どもたちは全く気が付いておらず、逆に手伝いをさせられる嫌な場所という意識を持っている子さえいる。
　この素晴らしさを子どもたちに伝えていくこと、それが学校で行われる観光教育である。
　最後に提唱されたのが、ショッピング。品揃えが良くて値段の安い所だ。
　最近郊外にたくさん進出しているアウトレットのような存在を示しているのだろう。

できるだけ多くの人を集めるという意味では、多様多種の商品が揃う場所が重宝されるだろう。
　ただ、観光資源としては、そこにしかないという希少なものも大切である。
　観光教育では、後者を優先する。自分の地元にある素晴らしき特産品に目を向けさせる。
　今、地元を離れてしまった人は多数いる。その人たちと、ふるさとをつなぐ絆として、ふるさと特産品購入というシステムがある。
　アランは、この6つのアトラクティブズのうち3つを創れという。6つすべてを集めたら失敗するとしている。
　それは、その地特有の個性がなくなってしまうからである。
　その場所に行けば、ありとあらゆることが揃っている。確かにそれは魅力だろうが、すべて揃えようとすると、どれも内容の薄いものになりがちである。
　そうなると、「これは、あそこにも似たものがあった」という思いをもたれてしまい、再びその地を訪れようとはしない。
　ここに欠けているのは、「非日常性」である。その地に行けば、驚くようなものすごいものに出合える。今まで見たこともないようなことを体験できる。
　こういった驚きにも似た感動が必要になる。
　6つの中から、最高でも3つまでを選び出して、それを他の地にはない物として特化していく。アランは、そのことを言ったのだ。
　しかしながら、これらすべてはアランが提唱したものである。
　教育として、子どもたちと考えていくものは、それ以上の内容になる。つまり7つ目の内容だ。
　それはいったい何だろうか。それを子どもたちと考えていく。

4 地域振興の主役を育てる方法

①教師にできる風評被害を打破する方法

　栃木県を訪れる観光客の数は、今、どのように変化しているだろうか。

　東日本大震災に伴う福島原発の事故による風評被害が、栃木県でも生じた。観光客は、きっと少なくなっただろうと危惧していた。

　2012年のゴールデンウィークが終了した5月中旬、新聞に衝撃の見出しがあった。

　その見出しは、「観光、宿泊落ち込み最大」というものだった。

　統計を開始して以来、最大の落ち込みを記録してしまった。

　その減少数は、わずか1年間で1000万人を超えてしまった。

　外国人にいたっては、前年の55％弱の落ち込みだ。半分の人しか、栃木に来てくれなかった。

　当然その原因は、東日本大震災が引き起こした原発事故だ。

　栃木県を旅行するだけで、放射線漏れの影響を受けてしまうというのであれば、栃木県にずっと住んでいる我々の健康は相当に損なわれるであろう。

　しかし、この地にずっと住んでいる私たちはぴんぴんしている。全くの風評被害である。

　このような状況を鑑みても、観光というキーワードは今の私たちの生活から切り離せないものとなっている。

　その栃木県で、子ども観光大使の企画が始まった。

　初年度は、県内の11会場で開催された。それぞれの地の特徴を生かした企画が目白押しだ。

益子町は陶芸の町であるから、プロの陶芸家を招いて陶芸教室を行う。
　お隣の真岡市は、イチゴの生産量が40年以上日本一を記録している。イチゴ農家の人を講師にしてイチゴ摘み体験が実施される。

陶器市で賑わう益子町　　　　　　　イチゴ狩りのメッカ真岡市

　他にも、その道の専門家が講師として参加する。
　ありがたいことに、すべての人がボランティアで参加してくれるのだ。
「栃木の子どもたちのためなら」という気概を持って講師を引き受けてくれる。
　観光客減少の報道がされてから数日後、子ども観光大使の活動について、栃木県庁の記者クラブでプレス発表・記者会見を行った。
　有力地方紙や大手新聞の地方支局、NHKや民間テレビ局など私が想像していた以上の人が集まった。
　実行委員会会長の私が目的を説明し、事務局長が詳細を説明した。
　一通り終わって質問を受けることになったが、質問が矢継ぎ早に繰り返された。それだけ、観光ということに対して、各プレスが重要視しているのだと感じた。
　質疑が終わって、名刺交換をした時にも、質問をしてくる記者がたくさんいた。
　各社とも大変好意的で、地元のとちぎテレビはその日の夕方に、

さっそく放映してくれた。

　記者会見の後に、インタビューを受けた。子ども観光大使はあくまでも一つの通過点であって、その後に何を求めているのかという質問だった。

　私の答えは一つだ。地域を愛する子どもたちを育てていきたい。それに尽きる。

　このことに反対をする大人はいない。地域活性化に繋がる、まさしく地域貢献活動である。

　栃木県の観光が大変な時に、教師としてできることは、ふるさと・地域を愛する子どもを育てていくことである。

②子ども観光大使になって栃木県の良さをもっと知ろう

　栃木県というと、地味な印象を持たれる県である。都道府県の「観光ブランド」を評価したランキングでは、常に40位よりも後ろに位置している。日光は知っていても、栃木は知らないという人も多い。

　このような現状を打破したいというのが栃木県民の願いだ。

　栃木県では、2012年から子ども観光大使事業に取り組んでいる。2014年度は18会場にて開催されている。

　最終日は、栃木県庁にて認定式が行われる。そこで子ども観光大使が誕生する。ただし、いくつかの条件がある。

　第1の条件は、栃木県で行われている子ども観光大使の各活動に3回以上参加することである。

　第2の条件は、各会場で行われる検定試験に合格することである。

　各会場の定員は、30名で組んでいるが、どの会場も申し込みの受け付けを開始したと同時に満員になってしまうほどの人気だ。

　この活動の目的は、地域にある観光資源にスポットを当てて、子どもたちに活動を通してその良さを理解してもらうことが一つであ

第3の条件は、その良さを多くの人に知ってもらうために、俳句や短歌、絵葉書等に表現してもらうことである。

　それらを動画で撮影して、ユーチューブ等で発信をしている。

　子ども観光大使は、観光教育の一環で行われている。

　教育の中の観光は、いわゆる物見遊山的な観光ではない。

子ども観光大使告知チラシ

　子ども観光大使で扱う観光資源は、地域の特産物や歴史的遺産等である。

　例えば世界遺産である日光東照宮、生産量30年以上日本一を誇る真岡地区のイチゴ、消費量日本一の宇都宮の餃子、日本最古の大学といわれる足利学校等である。

　しかし、餃子を自分で作ったことのある子は少ない。イチゴを直接自分の手で摘んだ子もほとんどいない。

　東照宮や足利学校なども、聞いたことはあるが行ったことはないという子も多い。あっても遠足程度である。その場所にどのような秘密があるのかまでは分からない。

　栃木県内に住んでいながら、子どもたちは知らないことばかりである。

　そういった観光資源にスポットを当てて、楽しい活動とともに知識を身に付けていく。

すると、子どもたちにとって初めて知ることが多く、「このようなことを初めて知った」「栃木には素晴らしい物が多い」等の驚きとともに、「自分たちの住んでいる栃木はすごい」という誇りや自信に繋がっていく。

子ども観光大使事業とは、地域やふるさとを再認識していくことで、地域への愛着を形成していく活動である。

③子ども観光大使で地域への思い入れを育てていく

人が交流するということは、地域の活性化に繋がる。

そのために、各自治体は観光に力を入れている。

日本も、諸外国から多くの観光客を招き入れようと戦略的に活動を展開し、2014年に念願の1000万人超えを達成した。

外国からの観光客が来ることによって、どのような利益があるのだろうか。そのことを学級の子どもたちと話し合ったことがある。

子どもたちの答えで最も多かったのは、「観光客が、物を買ったり、食事をしたりして、お金を使うことで日本がもうかる」ということだった。

そして、もう一つ答えたことは「日本に来てくれれば、日本の文化、良さを理解してくれる」というものだった。

観光を学校教育に取り入れる理由は、ここにあると思っている。

子どもたちが地域の良さを知り、それを発信していく。その発信により、人を招き入れて、来た人々に地域の良さを理解してもらう。

これが教育でできる観光の形である。その形を具現化するのが、子ども観光大使である。自分たちの住む地域にある素晴らしい資源を学び、理解したうえでその良さを発信していく活動である。

これらの活動を経験した子どもたちが将来成人した時に、地域への思い入れはより強いものになると考えている。

地域への愛着が強い若者を一人でも多く育てていきたい。初等教

育でできる具体的な提案が子ども観光大使である。

　栃木県では、継続的に取り組んでいる。

　各地に観光資源はたくさんある。それらの中から、「これは！」というものをセレクトして行う。そのバックボーンは、これまでに書き記したアラン・フォーバスの6つのアトラクティブである。

　もちろん、講師や会場の関係などで、できるものとできないものに分けられてしまうが、どの会場も体験をもとに内容が組み立てられているので、参加した子どもたちは常に満足感でいっぱいである。

　第1回の会場は、日光市にある東照宮だった。言わずと知れた世界遺産である。

　世界的に有名な丹下健三氏が設計した社務所で行われた。

　講座内容は「世界の宝、日光東照宮の魅力にふれよう」と題して、栁田二郎権宮司に講師をお願いして開催された。この内容は、6つのアトラクティブの「歴史」にあたる内容である。

　東照宮の厩舎の上部の猿の彫刻群がある。最も知られているのは、「見猿、言わ猿、聞か猿」であろう。この3匹の猿以外にも、たくさんの猿の彫刻が施されている。

　生まれたばかりの子猿の将来を思いやる母親猿から始まり、青春時代の生き方を説いた三猿。人生の上昇志向から挫折を迎え、結婚、そして最初の出産シーンへと続く。

　人生のメッセージが表現されている。

　豪華絢爛な彫刻が施され、一日中見ていても飽きることがないために「日暮し門」とまで言われている「陽明門」。その門を支える12本の柱、

有名な東照宮の三猿

第1章 急務！地域振興の種をまく

そこには「グリ紋」という模様がある。これを見ると、1本だけ逆さになっている。これには意味がある。1本だけ逆さにしていることで、まだ完成していないことを表現している。

別名「日暮し門」といわれる陽明門

完成してしまうと、そこから没落が始まる。だからまだ完成していないというのだ。「魔よけの逆さ柱」ともいわれている。

三猿も逆さ柱も、全て意味がある。こういったことを子どもたちは学び、そして大使として発信していく。

餃子の町というイメージが定着した宇都宮。店舗数は増え、味も絶品である。

子どもたちは食べてそのうまさを実感している。さらに自分たちで作ることで、作る楽しさを学び、さらに愛着を深めていく。宇都宮の餃子の会の人たちが講師となり、子どもたちに作り方を教える。親子で一緒に作ることで、会話と笑いに満ちた体験活動となった。

陶芸の町益子は、数多くの人間国宝を輩出している。陶芸は子どもたちと馴染みが薄い。だから、粘土の感触を楽しみながら作品作りができる場を提供する。町内の公立中学校には、陶芸小屋がある。教育委員会を通して使用許可を願うと、快諾を得た。

講師は、友人の陶芸家が務めてくれる。現在、助成金を活用しているが、以前は手弁当で協力してくれた。子どもの作品を窯で焼き、発送までしてくれる。

那珂川町では、「いわむらかずお絵本の丘美術館」で開催された。いわむらかずお氏は、『14ひきのシリーズ』で有名な童話作家であ

る。いわむら氏から直接学ぶことができたこの講座は「物語」にあたる内容となる。

　すべての会場は30人を限度としている。それ以上の人数になると、一緒に参加する保護者を含めて60人以上となり、会場確保が難しくなるからだ。

　教師もボランティアで行っているので、事務局の手が回らなくなる。本来なら、もっと多くの子どもたちに参加してほしいのだが、30人が限度となる。

　開催日の3か月前に告知を始める。告知した瞬間に、全ての会場は定員に達する。子ども観光大使が抜群の人気を得ていることが分かる。

④観光資源として、何を取り上げるか

　子ども観光大使では、どのような観光資源を取り上げるかも重要な課題となる。

　地域の観光資源は何か、という質問をされたら人はそれぞれに思い入れのあるものを挙げるであろう。

　それは、生産量の多さであったり、人気商品であったり、もしくは歴史的な意味合いを帯びているものであったり、自分の思い入れが強いものであったりする。

　子ども観光大使は、行政地区で割り当てられた範囲内で、観光資源を決定している。決定した観光資源を子どもたちに提供し、活動を通してその良さを体験してもらう活動であるため、その地の何を観光資源とするかは、大変重要になる。

　行政区の中には、全国にもっとアピールしていきたいという資源は、あまた存在している。

　先ほども述べたように、地域を代表するという漠然とした基準であると、人によって違う内容を推薦することになる。決定された観

光資源に対して、「こちらの方が、もっと価値がある」と思う人もいるであろう。

　観光資源決定には、通常２つの手順がある。

　１つは、子ども観光大使事業を支える人的構成からである。参加する子どもたち、事業を支える事務局、そして子どもたちに直接指導をする指導者である。事務局は、教師をしている人間が多い。従って、多少勉強をすれば子どもたちに該当資源について紹介することは可能である。

　しかしながら、これは全く意味をなさない。この事業を行う意味は、地域を愛する子どもたちを育てるということを主としながらも、人的ネットワークの構築を図るということもある。

　各地で地道に仕事をしてきた人たちを、指導者として「子どもたちの前」という表舞台に登壇させ、新たな新境地を開いてもらう。その指導者を拠点として、さらに地域のネットワークを強固にし、地域産業の発展を展開していく。子ども観光大使は、こういった社会貢献を大きな目的としている。

　また、指導者となる人には、長年その事業に関わってきた人になっていただいている。自分の経験から紹介されるエピソードや含蓄に富んだ内容は、決して書籍等では得ることのできない貴重な財産として、後世に受け継いでいきたいものといえる。それを子どもたちに紹介してもらう。かけがえのない体験となろう。

　このような指導者を確保することができるかどうかによって、観光資源が決定される。

　もちろんその逆のパターンもある。その地の観光資源として、事務局が最も思い入れのある内容を選択し、それに見合った指導者を必死で探していく。その手順で開催されている会場も数多くある。

　ありがたいことに、この事業を応援してくれている各団体の人たちから様々な人たちを紹介していただいている。ここにも新たな

ネットワークが広がっている。

⑤陰で支える教師たち「ザ・ボランティア」

　地域の良さを知り、全国各地にその良さを発信する活動である子ども観光大使事業が、栃木県では大盛況である。全ての会場で定員がオーバーしている。

　これは、この事業が地域に求められているという証拠であり、誰もが必要だと認識している結果であろう。

　さらに、メディアを通した広報活動も功を奏している。栃木最大の地方紙に、子ども観光大使のニュースが何度も紹介される。そのたびに、次以降の会場への申込者が激増する。

　これらは自然発生的に生じていることではない。すべて、TOSS栃木のメンバーの努力なのだ。

　現地の会場確保はもとより、外部指導者との連絡調整なども必要だ。

　日光東照宮の宮司さん、観光コンベンション協会の方、陶芸家等様々だ。この方たちとの交渉は、学校での公務を終えてからの活動となる。

　それぞれに気を遣う仕事であるが、皆笑顔で取り組んでいる。こういった努力があってこそ、この事業は活況を帯びてきている。

　目に見えない努力は、他にもたくさんある。それらをいくつか紹介する。

　まず、県内の会場で行われる事業の全てに市町、教育委員会、観光協会が後援をくださった。もちろん、栃木県知事、県教

会場の清掃をする教師たち

育委員会からも後援をいただいた。当然ながら、それらに足を運んで、説明をし、そして申請書を書いて、事後の報告をする人たちがいる。この事業の説明の際に嫌がらせを受けるということまではいかないだろうが、それぞれの地で困難はあったはずだ。それらをクリアしての快挙である。

また、観光庁からも応援のメッセージをいただけた。国土交通省観光庁観光地域振興部観光資源課長である新垣慶太氏の名で「目指せ！　子ども観光大使の開催によせて」というメッセージである。公的な機関の方からの公職名での文書は、大いなる力になることはご存じだろう。これも、TOSSのセミナーで名刺交換をした仲間が、直接交渉にあたってくれたからこそできたことだ。

実行委員会名誉顧問である上野通子参議院議員も毎回のように会場に足を運んでくれた。

国会議員は大変忙しい身である。週末になると地元に帰り、様々なイベントなどに顔を出している。したがって、こちらからお願いをするにも、十分な準備期間や丁寧な説明が必要になる。

このような事情を理解したうえで、相手に失礼のないような対応をしているからこそ、毎回足を運んでくださるのだろう。ありがたいことである。

観光大使事業では、検定問題を用意する。対象が小学校の低学年から高学年とかなり幅が広い。それらを考慮しなければ、難しすぎる問題となり、検定に際して不合格となってしまう。

せっかく参加してくれた子どもたちである。不合格という事態だけは避けたいことだ。検定問題作成にも神経を使う。当然ながら、これも仲間が作成してくれた。

保護者が参加しての活動である。保護者は、わが子を一番に注目している。会場で、何か不手際があれば厳しい内容の批判を口にする人もいる。

もちろんこれらも想定内であるが、あくまでもボランティアで行っている活動である。対応にあたっている人の心中を察すると申し訳なく思うが、どのような事態になってもめげずに明るく対応している。何よりも紳士的な態度をとってくれることに心から敬意を表している。

　活動が終了しても、他にすべき事後処理がある。

　例えば、協力をしてくださった方たちに活動報告をすること。当日挨拶をしてくれた方の言葉、活動内容、写真、そして参加者の言葉や協賛をくれた方たちへの御礼の言葉など、こういったものをまとめた御礼新聞の作成も手を抜かずにしっかりと行ってくれる。

　これらを持っていくと、どこでも「応援をしてよかった」という反応が返ってくる。地域の子どもたちが地域を好きになるという尊い事業に、協力できたことに誇りを持ってくださる。ありがたい。

　こういった様々な仲間の活躍によって、栃木の子ども観光大使事業は活況を帯びてきている。

子ども観光大使認定式御礼新聞

第2章

観光の授業で学級の荒れが消えた

1 あの大変な学級が がらりと変わった

　最近では、多くの学校で指導が困難といわれる学級が見られる。全国的に増加傾向にあるだろう。

　いわゆる荒れた学級といわれ、子どもたちが教師の言うことを聞かない、いじめや暴言が渦巻いている、毎日のようにトラブルが生じるという状態を学級崩壊という。

　私が受け持った「その学級」も例外ではなかった。授業中に出歩く子や大きな声で歌を歌い始める子、机に突っ伏してまったく学習をしようとしない子、机の周りに学習用具が散乱している子、様々な問題行動を起こす子たちの集団であった。

　この子たちを受け持って、あらゆる手を講じて学級再生を試みてきた。

　激動の1学期から変化の兆しの見え始めた2学期、そして安定化へと進んでいった3学期と、子どもたちの問題行動は徐々に改善されていった。

　その中でもきっかけとなった授業がある。それが総合的な学習の時間で行ったまちづくり教育であった。

　ここでまちづくり教育と観光教育について、関連を簡単にふれておきたい。

　まちづくり教育は、現在の町の様子を調べて、より良い町になるためにはどうれすればいいかなどを考える教育である。

　それに対して観光教育は、地域の観光素材を町の内外に向けて発信していく教育と考えている。

　ともに、自分たちの住んでいる町をより良く発展させたいという思いが根底にある。

そういった意味で、両者は密接に結びついている。この学級で行ったのは、町の特産品を調べ、それを多くの人に知ってもらい、過疎といわれている町に人を招き入れるために何をすればいいかを考える学習であった。
　町の良さをアピールするのだから、本来は多くの人の目に触れるようにしなければならない。しかし、少人数学級での実践は、町の中で人の集まるところで発信をしていくというこじんまりとした形式となってしまった。
　それでも、子どもたちは集中した。作品作りなどの時間は、出歩くことも、おしゃべりもなく、しーんとした状態で活動していた。まさに集中した状態だった。
　プレゼンソフトを使っての発表も、何度もリハーサルを繰り返し、参観に来ていた教師たちが「あの子たちが、あんな発表ができるなんて、すごい」「あんな真面目な姿は見たことがない」「みんな、立派な発表ができ、成長したなあと感慨深かった」という感想を述べていた。
　将来、町の振興を担っていく子どもたちを育てるという目的に向けて、小学校でできる観光まちづくり教育となった。
　さて、この単元以降の子どもたちはどのように変化したかといえば、劇的に変わるということはないが、以前見られたような荒れた状態はほとんど見られなくなってきた。
　授業中の出歩きはなくなり、奇声を発する場面も激減した。
　自習の時間には、課題に真剣に取り組むようになり、漢字練習や音読練習などにも真面目に取り組んでいた。
　掃除の時間や給食当番の仕事などにも、自分から進んで取り組もうという姿が見られるようになってきた。
　朝会の時に整列をするが、以前は列が曲がっていた。そして前後の子がくっついており、常にひそひそとおしゃべりを続けて、校長

から叱責をされるということも多かった。
　そのような子が、静かに話を聞くようになり、先生たちからも「静かになったね。どこに座っているか、分からなかったよ」などと笑顔で言われるようになった。
　このような変化は、単に総合的な学習の時間の一単元が全ての原因とはいえないだろうが、きっかけとなったことは確かであろう。

2　過疎の町を救いたいという思いを湧き起こさせる

　茂木町は、栃木県の南東部に位置し、茨城県との県境にある。ツインリンク茂木というオーバルコースとサーキットコースの２つを有する世界でも唯一といわれるサーキット場があり、日本のモータースポーツのメッカとして観光を背景として発展が期待されている。

　しかし、人口推移を見ると、1980年20051人いた人口は、30年後の2010年には、15174人と４分の３に減少している。

　筆者が以前勤めていた学校は茂木町南部にある。山間の環境に位置する子どもたちは、都市部への憧れを抱くものが多い。この事実を裏付ける数字として「年少人口割合（%）」があるが、これも20.0%から10.5%と人口推移をはるかに上回る勢いで減少している。それと相反するように「老年人口割合（%）」は15.4%から31.9%へと増えている（「日本の地域別将来推計人口」国立社会保障・人口問題研究所）。

　過疎地においては、若年層の人口減は定番となっているが、初等教育にできる観光教育がある。例えば、ふるさと茂木（逆川地区）には、物的資源や人的資源など、多くの人に知ってもらいたい豊かな観光資源がたくさんある。

　しかし、日常目にしているものの中に、そのような資源があることは、調べ活動を行わないと意外に気付きにくいものである。茂木町は、「棚田」が有名であり、2007年には「棚田サミット」が開催された。風光明媚を象徴する存在であり、収穫される米は、近年その味の良さでブランド化している棚田ではあるが、そこに住む子どもにとっては田植えの手伝いをさせられ、地形のため大変きつい作

業となるために「嫌な場所」という印象が持たれている。

　そこで、ふるさと茂木にある自慢できる特産物を含む観光資源を調べることを通して、その良さを再認識するとともに、このふるさとの土地を好きになる児童を育てていきたい。

　さらには、観光立国日本を目指す法律が制定されるとともに、外国からの観光客数が初めて1000万人を突破した我が国の現状と目指すべき方針を鑑み、子どもがふるさと茂木の観光資源を調べることを通して、観光の役割や重要性を理解させていく。

　調べたことを広く多くの人に知ってもらうために、ふるさと茂木の観光情報を発信しようという意欲を持たせ、広報活動にも目を向けさせていきたい。

3 「和菓子の町・茂木」を売り込もう

　茂木町は、真岡鐵道の終着駅である。目抜き通りは、城下町の名残を残すクランク状の枡形という道路がある。それらを見下ろすように城跡として、城山公園が町のシンボルとなっている。
　この人口が2万人にも満たない小さな町の駅前に、和菓子や洋菓子を扱う店が10軒近くある。
　和菓子を特産品とするのは、城下町によく見られることであるが、時代の移り変わりとともに特産品としての和菓子は衰退していく。
　ところが、この茂木町は明治期に煙草の専売公社が誘致され、タバコの葉が町の産業を支えるようになった。南北に長い茂木町の至る所でタバコの葉が生産され、それがリヤカーに積まれて町の中心地へと運ばれてくる。
　大量のタバコの葉を降ろした人々は、帰りがけに土産としてたくさんの和菓子を買っていった。
　私は、松寿堂という和菓子の店を訪ねた。2代続いたこの店は、歴史を感じさせる風貌があるが、残念なことに後継者の問題で数年後には店をたたんでしまうという。ここの主人が、若い頃の様子を話してくれた。
　当時、タバコの葉をたくさん積んだリヤカーが大挙して専売公社を訪れ、葉を降ろすと店にやって

趣のある店舗

主要産業だったタバコの葉

きた。

　その数は 30 人を数えるほどで、皆、靴を脱いで座敷に上がり、お新香をつまみながらお茶を飲んでは楽しく語らっていた。

　中には、お酒を飲む人もいて、それはたいそう賑やかだったということだ。

説明してくれるご主人

　当時の様子を懐かしく語る主人だったが、今はもうその面影もないと寂しそうにつぶやいた。

　饅頭で有名な店、もなかで有名な店、そして高級和菓子で有名な店など、実にバラエティーに富んでいる。言うまでもなく、どれも美味である。

　駅前にあるこれら和菓子の店を、子どもたちはよく知っていた。中には親戚の家もあるという。

　私は、「茂木に残る伝統の和菓子を、多くの人に知ってもらおう」と子どもたちに投げかけた。ケーキやチョコレートなどの洋菓子には興味があるが、和菓子は子どもにはハードルが高いかと思われた。

　果たして興味を示すかどうか、心配をしていた。ところが子どもたちの反応は、「やりたい」「茂木の和菓子を売り込みたい」というものだった。

　これで決まった。過疎に悩む茂木町に人を呼び込むために、和菓子の良さをアピールし、多くの人に知ってもらう。そして購入してもらい、少しでも町の発展につなげる。かなり大きな目標であるが、観光まちづくりの授業が始まった。

4 見て、聞いて、食べて、実感させる10のポイント

　観光まちづくりの授業は、総合的な学習の時間で行う。和菓子という素材が決まったが、単元を整理して組み立てていかなければならない。
　学校教育には、年間指導計画というものがある。国語や算数などのすべての教科、道徳等の領域を含み、学習指導要領に示されている内容を子どもたちに指導していく。
　総合的な学習の時間にも、当然ながら年間指導計画はある。ただ、目標や学習内容は示されているが、目標達成に向けての手段は授業をする担任に任せられる場合がある。
　例えば、子どもの発達段階を考えて、前年とは違ったアプローチで単元を組むということである。
　今回の単元も、町の良さを調べ発信するという目標はあるが、素材として何を用いるかは、担任が決めることになっていた。
　単元を組む際に気を付けたいことは、素材の良さを腹の底から実感させるということである。実感を伴わない学習では、絶対に良さは伝わらない。いい加減な、薄っぺらな内容となってしまうからだ。
　子どもの立場で考えれば、魅力的な素材でなければ、人に伝えたいという思いは湧いてこないということになる。
　五感を通して学ぶ。それを実現するために、実際に「見に行く」「話を聞く」「食べてみる」という活動を通して、和菓子の魅力にとっぷりつかる。
　これを単元の柱とした。本単元の大まかな流れは次のようになる。

> ①町には、どのような和菓子の店があるか、パンフレットなどで調べる。

　役場からパンフレットをもらってくれば、簡単に調べられる。もちろん、子どもたちは町に出向いた時に、これらの和菓子を食べている子が多い。その味などを発表することで、まだ食べたことのない子は、「食べてみたい」という思いが強くなる。

> ②学区にある和菓子の店を訪ねてインタビューをするとともに、有名な和菓子を食べる。

　幸い、歩いていける場所に和菓子の店がある。事前に連絡をすると、子どもたちが来るというので実際に作っているところを見せてもらえることになった。ここで、どのようなことを取材すればいいかを、全員で体験することで、この後のグループ学習に繋げていく。
　最初の場所なので、写真は教師が撮影する。どのような場面を撮影すればいいか、教師が撮った写真を見ながら学んでいく。
　さらに、一番の売れ筋の和菓子を食べる。味や食感等を単に「おいしい」で終わらせるのではなく、みんなが食べてみたいと思える表現を考えさせる。

> ③この和菓子の店を多くの人に知ってもらうための方法を話し合う。

　方法は様々あるが、子どもたちにとって興味・関心の高いものを選択させたい。
　例えば、ポスターにしてお店に掲示してもらう。リーフレットやチラシを作成して印刷してお店に置いてもらい、来た人に持って

行ってもらう。子どもなりのアイディアを生かして、作品作りにチャレンジさせる。

それぞれに写真があると、内容が分かりやすくなる。取材の際に、各グループにデジタルカメラを渡して、子どもの視点で写真を撮影させる。

ただし、どのような写真が有効か分からないという子もいるので、最初に全体で見学をした際に、教師が撮影をする。その写真を子どもたちに見せて意図を説明することで、どのような写真を撮影すればいいか、実感させる。

> ④和菓子屋取材のためのグループ分けをする。

　和菓子屋を取材する経験を２回に分けて行った。最初は、学校のすぐ近くの和菓子屋を全員で見学して、取材する。２回目は、街中の複数の和菓子屋へ、グループごとに分けて取材する。

　最初の全体見学で、取材をどのように行えばいいかを体験させ、グループ取材へと発展させていく。

　グループは少人数になるが、どのようなメンバーにするのかが、荒れた落ち着きのない学級では大変重要になってくる。決してくじ引きで決めたり、好きな者同士を自由に組ませたりしてはいけない。後々に、トラブルが発生して面倒なことになる。

　よくあるのが、行きたい和菓子屋でグループを作るという方法だが、これもかなり危険がある。どの和菓子屋に行っても、勉強になる。そのことを事前によく説明し、どこに行くかは教師が決めるとしておいた方が、無難である。あくまでも、最初にきちんと趣意を説明しておくことが大切になる。

　グループ分けであるが、リーダーとなりそうな子、ふざけがちな子、立場の弱い子・強い子、それぞれの子たちをうまく振り分けて

おくことが必要になる。特に、すぐにトラブルになる子たちは、絶対に同じグループにしてはいけない。

　ここは慎重に行わなければ、あとの作品制作や発表に際しても影響が出てくる。

⑤保護者にも応援を頼む。

　私の勤務校は、小規模校であるために、引率者は担任と教務主任や担任をしていない教師等、せいぜい２名が限度だった。これは、学校事情にもよるので、もっと余裕のある場合もある。

　しかし、子どもたちだけでグループ取材をさせる場合、対象となる店の数が引率者よりも多いとなると、難しくなってくる。

　取材先を減らせばいいし、取材時間を短くすれば、問題は解決するだろうが、何度も調べに行くことはできないので、一度のチャンスを有効に使いたかった。

　そこで考え付いたのが、保護者を巻き込んでの取材活動である。忙しい保護者の中にも、学校から引率依頼書を配布すれば、何人かはボランティアで来てくれるのではないかと思った。

　幸いなことに、２名の方が引率してくれることになった。これで引率教師２名と合わせて、合計４名。４つの和菓子屋に同時に取材に行くことができる。

　保護者には、茂木駅に直接来ていただき、小さな駅前広場で合流。そこで注意事項を書いた紙を渡し、詳細を確認する。

　そして、いざ取材へと出かけて行った。

⑥インタビュー内容は事前に決めておく。

　各お店に入れば、そこにあるもの全てが「売るための工夫」であ

る。子どもたちには

> 目に見えるものをすべて書いてきなさい。

と指示を出しておいた。

さらに、それらをカメラで撮影させた。これは、近場の和菓子屋で行った第1回目の取材の時に、教師が撮影した写真を見せて説明しておいた。

アップで撮るもの、ルーズで全体を撮るものなど、それぞれの特長を生かして撮影させる。

むろん事前に、「撮影をしてもいいですか」とお店の人に許可をもらうことも指導しておく。

取材活動で最も大切な学習行為は、インタビューである。

お店の営業時間に取材に行っているわけであるから、つまらない質問は避けたい。

ルーズの写真

アップの写真

まして、質問もしないで沈黙の時間が流れるということは、相手にとっても迷惑な話となる。

インタビューする内容は、事前に決めておきたい。

子どもたちが書いた内容を、必ず教師は目を通して、好ましくない内容については書き直しをさせる。

今回の活動の中心は、茂木町の和菓子の良さを広く知ってもらうということなので、「どのような思いで作っているか」「作る際には、

どのような工夫をしているか」「これから、どのような和菓子を作っていきたいか」という働く人の「思い」を聞き出したい。

子どもたちが考えた質問内容は、以下の通りである。

- お店はいつから行っていますか。
- どうして和菓子屋さんを始めたのですか。
- お店の名前の由来は何ですか。
  ※取材先の店名は「竹屋」「松寿堂」「源太楼」等、謂れがありそう。
- 和菓子を作るとき、どんな工夫をしていますか。
- どのような気持ちで和菓子を作っていますか。
- お仕事をする時の願いは何ですか。

⑦和菓子を購入させる。

和菓子の良さをアピールするならば、その味を知らなければならない。全員に、和菓子を食べさせたい。そう思って、管理職に打診をした。

学校には、特別予算がある。地域振興のために使用してよい予算もある。それらを使用して、和菓子を購入した。

とはいえ、際限なく使えるわけではなく、まして給食などがあるのでそれほど多く食べさせるわけにもいかない。2人で1つを食するという量で、和菓子を購入させた。

グループごとに予算をわ

おいしい和菓子を食べる

たし、領収書をもらってこさせる。これも社会体験となる。

⑧食べた和菓子の食レポをさせる。

　和菓子を食べた後に、その味をキャッチフレーズで表現させる。
　これは、食べた後にすぐに行わなければ、子どもたちの感想はすべて「おいしい」「甘い」などのありきたりなものになってしまう。
　子どもたちが和菓子を食べてすぐに書いた食レポは、次の通りである。

- 皮の柔らかさと、中のこし餡がいい感じで舌を包み込む。餡このあと味が、いつまでも残っている。
- 甘ずっぱいイチゴクリームが、スポンジとばっちり合っていた、おいしいの一言。
- あんまり甘すぎることがなく、餡この苦手な僕でもたくさん食べることができる絶妙の味。

　まるで大人顔負けの食レポを発表していた。これらも、食べてすぐ書かせることで、感じたことを素直に表現したのである。

⑨ポスター、チラシ、リーフレットを作成する。

　和菓子の良さをみんなに知ってもらおうと、ポスターやチラシ、リーフレットを作成した。
　表記内容は、店の名前、和菓子の食レポなどに加えて、作っているところなどの写真を加えて、店の人が努力をしておいしい和菓子を作っているということを強調した。
　さらに、お店に買いに行きたくなるキャッチフレーズも考えて、

目立つように記した。

　小学4年生の作品なので、拙い部分はたくさんあるが、大切なのは「町の和菓子を何とか良くしたい」という思いであり、その意味では目的を十分に達成した内容であると考えている。

> ⑩お店に持っていき、ポスターを掲示してもらう。

　作成したポスター類は、ぜひともお店や人の集まるところに飾ってもらいたいと考えた。それが子どもたちの希望でもあった。

　再度、子どもたちを連れて町に行くことは教育課程の上でも難しい。

　そのため、子どもたち一人一人に、作品をお店に掲示してもらうような手紙を書かせた。

　この手紙をポスターやチラシ類と一緒に担任が各店舗に届けることとした。

　どのお店に行っても、皆満面の笑みで迎えてくれて、子どもの作品を見ると顔がほころんでいた。小学生が自分たちの店を宣伝してくれるとともに、ふるさとの産業を支えていこうという思いをうれしく感じていると実感できた。

　やって良かったという思いでいっぱいだった。

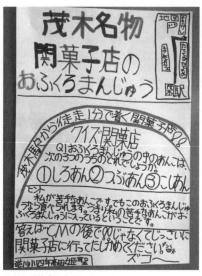
子どもが作成したポスター

5 なぜ変わったのか？　その答えはモンテッソーリ教育にあった

　1900年代の初頭にイタリアで活躍した教育学者にマリア・モンテッソーリがいる。

　女医から教育学者へとなった人で、「子どもの家」を設立し、劣悪な環境で育った子どもたちを独自の教育方法で更生させた実績をもっている。

　モンテッソーリ教育をメインとした教育をしている機関がたくさんあるが、そこを卒業した子どもたち700人を追跡調査した人がいる。

　モンテッソーリ教育で日本の第一人者である相良敦子氏である。彼女の報告には、「順序立てて物事を考えることができるようになる」「何をするにも、計画を立て、順序を踏んで着実に実行する」「段取りがよい」「先を見通すことができる」「道徳性が高い」「礼儀正しい」などの特長があったという。このように人格の向上が見られたのだ。

　子どもたちが健やかに育っていくには、自己肯定感を高めることが必要である。その逆を考えてみると分かりやすい。常に叱責ばかり受けて、自分に自信のない子たちは、おどおどしたり、周りの目を気にしたり、時に自分の身を守るために狂暴になったりする。このような子たちは、常にトラブルを巻き起こす。

　他者から常に認められ、自分も常に達成感や満足感を感じている子たちは、「自分もできる」「がんばれば達成できる」という意欲があり、自分に自信がある。これが自己肯定感である。

　このような子たちは、未来に希望を持ち、明るく元気に毎日を過ごしている。

この自己肯定感をどうやって子どもたちに感じ取ってもらうか、それが大きな課題であろう。
　モンテッソーリ教育では、教材・教具に対して自ら自由にかかわっていく。
　そして、かかわったことを続けて行う。
　すると、そのかかわりに対して全人格的にかかわるようになる。
　かかわりぬいて、最後は「やった」「できた」「分かった」という実感をもって終わる。
　このような４つの段階を通過すると、子どもたちは劇的に変化する。
　相良氏は、「深い充実感や自信を味わった時に子どもは人格の深いところから変わり始める」と言い、その結果「人に依存せず、自分で決めたり選んだりできるようになる」「人に親切になり、周囲の人のことを思いやることができ、さらには親切にしようとする態度さえあらわれる」「素直になり、自由な心と規律正しさが目立つ」子になるという。
　本実践を振り返ってみると、モンテッソーリ教育と合致する部分がたくさんあったことに気が付いた。

①自由にかかわっていく＝紹介したい和菓子を自分で選択した

　和菓子というテーマは与えられたものであるが、多くの人に紹介したい和菓子は自分たちで決めさせた。
　自ら選んだという自覚が、最後まで追求しようという意欲の持続につながったと考えられる。

②かかわったことを続けて行う＝多様な学習活動があった

ともすると飽きっぽい子どもたちであったが、見学をしたり和菓子を食べたり、学習活動が多岐にわたっていたために、意欲の持続が図られた。このことが、学習過程での子どもたちの集中力を高め、調べたことをまとめる段階においても、ふざけたり、飽きてしまったりする子がほとんどなく、常に集中した状態で取り組んでいた。

> ③全人格的にかかわる＝和菓子店の将来までも気に掛けるようになった

　自分たちが調べている和菓子店に、徐々に愛着を持つようになってきた。調べ活動を行った際に、普段は絶対に見せてくれない作業工程も、「せっかく地元の子たちが見学に来たのだから」といって、実際に作っている場面を見せてくれたり、大きな機械を動かしてくれたりした。

　忙しい時間にもかかわらず、子どもたちの質問にも笑顔で答えてくれた。

　こういった親切な対応は、子どもたちの心にも響いてくる。「このお店の和菓子を有名にしたい」という思いにつながっていった。

　中には後継者問題で、あと数年で店をたたむというところもあった。その話を聞いて、「継いでくれる人がいないなら、募集しよう」などと考えて、ポスターまで作ろうと計画した子たちも出てきた。

　単に和菓子を調べるだけではなく、和菓子の将来、働く人の気持ちなどにも考えを馳せるようになってきたのだ。このことが全人格的にかかわっていった一つの証拠だと考える。

　そして、最終的にポスターやチラシなどを完成させる。これも、一人で何枚も作成していた。出来上がった作品を見て満足感を持っていた。

　さらに、それらを店に掲示してもらうことによって、目的だった

「茂木の和菓子を売り込もう」を達成したと感じている。
　この満足感や達成感が、自己肯定感に繋がり、「自分たちも、やればできる」という自信とともに、子どもたちを成長させたと考えている。

第3章

ふるさと再生の切り札「子ども観光大使」

第3章 ふるさと再生の切り札「子ども観光大使」

1 誰もが応援したくなる子ども観光大使

　現在、子ども観光大使の実践が、全国各地で展開されている。
　子ども観光大使は、観光教育の一環で行われている。扱う観光資源は、地域の特産物や歴史的遺産等である。地域やふるさとを再認識していくことで、地域への愛着を形成していく活動である。
　この活動の目的は、地域にある観光資源に焦点を当て、活動を通してその良さを理解してもらうことにある。将来の地域振興の主役になる人材に対して、学童期から地域への愛着を深める教育を行う。
　2012年から、栃木県子ども観光大使事業に取り組んでいる。最終日は、栃木県庁にて認定式が行われる。そこで子ども観光大使が誕生する。
　栃木の事業をモデルとして、子ども観光大使事業は日本全国で開催されるようになった。2015年には、栃木県日光東照宮にて全国大会が開催される。
　栃木県では、2014年は次ページの表のように、日光東照宮を皮切りに栃木県庁での認定式を含め県下19会場で開催された。それぞれの会場で専門家を講師に招いている。

	開催市町	子ども観光大使事業内容
1	日光市	世界遺産の日光東照宮の魅力を探訪体験
2	那珂川町	いわむらかずお絵本の丘美術館で自然探索と絵本体験
3	下野市	日本一生産量の干瓢むきと「ふくべ細工」作り体験
4	宇都宮市	消費量日本一の宇都宮餃子を作り食する体験
5	日光市	鉱毒事件の足尾の歴史探訪と山を取り戻す植樹体験
6	矢板市	おいしいブランドリンゴを狩って食べる体験
7	小山市	伝統産業の結城紬の技術の凄さを学ぶ体験
8	高根沢町	皇室の食材を作る御料牧場の探訪体験
9	栃木市・小山市・野木町	ラムサール条約の地、渡良瀬遊水地の探訪体験
10	那須町	自然豊かな平成の森で木の命にふれる体験
11	那須塩原市	生乳生産本州一を実感する搾乳体験
12	大田原市	松尾芭蕉の「奥の細道」ゆかりの地で俳句作り体験
13	佐野市	元祖ラーメンの町佐野で青竹打ちラーメン作り体験
14	益子町	人間国宝誕生の地で益子焼を作る体験
15	鹿沼市	伝統工芸品の組子細工を作る体験
16	那須烏山市	伝統工芸品の烏山和紙の手すきを体験
17	足利市	日本最古の大学足利学校にて論語素読体験
18	真岡市	二宮尊徳の偉業と生産量日本一のイチゴ体験
19	宇都宮市	県庁昭和館にて子ども観光大使認定式

　このような活動に対して、実に多くの団体等が協力してくれている。それは、とりもなおさず、この活動が子どもたちにとって、地域にとって、そしてそこに住む人々にとって大切なことであると分かっているからである。

　この事業に対して後援をしているのは、国土交通省観光庁を始め、県経済同友会、下野新聞社、NHK宇都宮、とちぎテレビ他、青年会議所、栃木県、県教育委員会である。

　そして、子ども観光大使を開催した全ての自治体の市長・町長、市教育委員会・町教育委員会、各地観光協会である。一つ残らず後援をしてくれたのだ。

2 マスメディアも注目する子ども観光大使

　子ども観光大使は、マスメディアでも大きく取り上げられている。特に栃木県の地方紙である下野新聞では、2014年7月23日総合・社会面で5段抜きの扱いで翌年7月に行われる日光での全国大会を取り上げている。「本県の文化や魅力発信」と銘打って、日光東照宮での全国大会を詳しく扱っている。

　また、同月25日の論説の中でも全国大会を紹介し、「子ども観光大使とともに本県の素晴らしさをアピールするためにも、官民挙げて全県的な協力体制を期待したい」と猛烈なバックアップを表明している。

　さらに、2015年2月10日の論説では、「小学生が本県の魅力を発信する『県子ども観光大使』事業が、すっかり定着してきた。」という書き出しから、2月22日に行われる子ども観光大使認定式を紹介している。さらにこの論説でも「全市町で講座の実現図れ」と銘打って「実行委員会は新年度、全市町で事業を展開するよう取り組みを強化している。未実施のさくら市と壬生町で実現できるかがかぎとなる。子ども観光大使とともに本県の素晴らしさをアピールするためにも、官民挙げて全県的な協力体制を期待したい。」と再度、全県への呼びかけを行っている。

　また、「栃木の魅力発信・目指せ子ども観光大使」のタイトルで、参加した子どもたちの感想文を掲載している。こちらも6段抜きという破格の扱いで、作文を書いた子どもと活動の写真、活動の概要などが載っている。2年間の連載で、その間、各地に参加した2人の子どもの感想を33回、合計で66人分の掲載となった。

3 子ども観光大使誕生までの手順

　子ども観光大使として認定されるには、条件がある。ただし小学校1年生から6年生までと幅がある。1年生と6年生とでは、かなり発達段階が異なる。そのため、以下の条件もそれぞれの発達段階に応じて設定されている。特に検定試験は、その会場の特徴的なものを取り上げ、1年生でも分かるように配慮されている。
　さらに学んだ良さを多くの人に知ってもらうために、俳句や短歌、絵葉書等に表現、動画で撮影し発信をしていくことが求められる。
　認定条件は、以下の3つである。

---

①各地の子ども観光大使の各活動に3回以上参加
②会場での検定試験に合格
③学んだことを発信する

　これら3つをクリアーした子どもが、最終日に県庁で認定を受ける。
　検定試験の会場の定員は、30名である。子どもたちの安全を考えたり、保護者を含めると2倍以上の人数が集まったりすることを考えると、この数がぎりぎりいっぱいである。
　応募は、開催日の3か月前からインターネットで行われる。人気の会場は、即日満員となってしまうほどの盛況である。
　栃木県の子ども観光大使は、2012年度の39名からスタートした。翌13年度は77名、そして3年目を迎えた2014年度は85名の子ども観光大使が誕生し、3年間でのべ人数201名となった。
　認定式は、栃木県の旧庁舎であり、現在は栃木県の歴史を紹介す

第3章　ふるさと再生の切り札「子ども観光大使」

る展示館となっている「昭和館」で行われる。

　毎年、多くの来賓を迎えて認定式を開催している。特に参議院議員の上野通子氏は、各会場に何度も顔を出して、子どもたちにメッセージを届けてくれているうえに認定式にも毎回参加している。

　認定式では、子どもたちに向けて「子ども観光大使に参加してよかったか」という質問をした。参加した子どもたちは、全員が良かったと思う方に手を挙げていた。

　さらに保護者に向けても、「子どもたちを、子ども観光大使に参加させて良かったか」と尋ねた。保護者も全員が良かったと思う方に挙手をしていた。こういった配慮が、次年度の子ども観光大使に向けての励みになった。

　2年目には福田富一栃木県知事も参加して盛大に行われた。知事は、日本を好きになってこそ外国に日本の良さを伝えられるといった趣旨の話を子どもたちにしていた。

　国土交通省観光庁長官である久保成人氏からは、毎回祝辞もいただいている。日本を訪れる外国人は、2014年に1000万人を超え、ますます増え続けている。2015年2月、春節を迎えた中国人が、大挙して日本を訪れ、いわゆる「爆買い」をしているニュースがメディアを通して、頻繁に流された。日本製品の質の高さが、外国人を日本に招いている。

　さらに、2019年ラグビーワールドカップ、2020年に東京オリンピックが開催される。それらに向けて、子どもたちからの盛り上げを期待されてのことだろう。

4 次々と誕生する子ども観光大使たち

　自分たちの住んでいる地域には、素晴らしい観光資源がたくさんある。
　それらを多くの人に知ってもらいたい。人が来てくれることで、経済が活性化することが期待できる。人が来てくれることで、人と人の交流が生じ、それが地域の息吹を再び高めてくれるかもしれない。
　しかし、そのようなことはすぐには生じない。特効薬は簡単には見つからないだろう。それでも、何もしなければ、変化は生じない。
　私は教師であるから、教育の世界で町を活性化していきたいと願っている。学童期の子どもたちに、将来の地域振興の担い手になる事業の展開をすることである。
　これは、江戸末期、財政破綻の危機にあった長岡藩に贈られてきた米百俵を武士たちに渡さず、小林虎三郎が「百俵の米も、食えばたちまちなくなるが、教育にあてれば明日の一万、百万俵になる」として、学校設立に使った思想と同じである。
　子どもたちが、自分たちの住む地域を学ぶ機会を提供し、「自分たちのふるさとは、こんなに素晴らしいところだった」ということを実感してもらう。それこそが、子ども観光大使である。
　次のページからは、栃木県で開催された子ども観光大使の事例集、さらに日本各地で行われた子ども観光大使を紹介する。現在進行形で、急速に全国に広まっている子ども観光大使である。

①世界遺産の地で誕生した子ども観光大使

（日光東照宮：日光市）

学んだことを発表する観光大使

学んだことを発信する観光大使

　日光東照宮の社務所を会場に、栁田権宮司を講師に迎えて東照宮の魅力を再発見する活動である。

　当日は、あいにくの雨であったが、貴重な歴史的資料の解説に集中して耳を傾けていた。三猿や陽明門など普段は気が付かない内容について説明を受けた。

◆事務局長の手ごたえ◆
　日光東照宮の栁田権宮司から直接東照宮の魅力について教えていただいた。また東照宮の職員の解説を聞きながら実際に東照宮内の建造物、彫刻を見ることができた。子どもも大人も感嘆のため息を漏らしていた。（日光市立落合中学校　岩井敏行）

②絵本の世界で誕生した子ども観光大使

（いわむらかずお絵本の丘美術館：那珂川町）

珍しい虫を見て大興奮　　　　　読み聞かせ後、感動を発信

　自然の中にあるいわむらかずお絵本の丘美術館にて、いわむら氏自身から絵本の読み聞かせをしていただいた。自然の中で、植物や昆虫などとふれあうことにより、自然の大切さを再認識することができた。

◆事務局長の手ごたえ◆

　世界的に有名ないわむらかずおさんから直接読み聞かせをしてもらった。子どもたちはもちろんのこと、保護者も大喜びだった。また、県外からも事務局として参加してくださった先生もいた。　　　　　　　（市貝町立小貝小学校　塩沢博之）

第3章 ふるさと再生の切り札「子ども観光大使」

③干瓢のふるさとで誕生した子ども観光大使
(道の駅しもつけ:下野市)

干瓢むきに挑戦する観光大使

ふくべ細工に夢中で取り組む

　干瓢家族運営委員会の方から、干瓢の生産量が日本一になるまでの歴史を学んだ。その後、親子で干瓢むき体験にチャレンジした。すぐに切れてしまう干瓢に苦戦しながらも、親子で協力する姿がほほえましかった。堅くなった干瓢を使っての「ふくべ細工」作りでは、絵を参考にしながら様々な図柄を描いていた。

◆事務局長の手ごたえ◆

　干瓢むき体験を行った。下野市教育委員会の協力で道の駅しもつけで開催。初めての干瓢むき体験に子どもたちも喜んでいた。事務局の伊沢氏は教師ではないが「子どもたちのために」と動いてくれた。　　　　(栃木市立大宮南小学校　山口浩彦)

④餃子日本一の町で誕生した子ども観光大使

(来らっせ:宇都宮市)

親子で餃子作りに挑戦

作った餃子の味は最高

　餃子の町というイメージが定着した宇都宮で、「餃子の会」の方を講師に招いて、餃子作りと試食会を行った。作る楽しさを学び、さらに愛着を深めていった。親子で餃子を作ることで、親子の交流をさらに深めることができた。

◆事務局長の手ごたえ◆
　3年連続で宇都宮観光コンベンション協会・宇都宮餃子会の協力を得て行っている。会場費、材料費、講師料等全て無料。講師の齋藤氏や青木氏は「宇都宮餃子を広めてくれようとしているのだから当然のことです」と言ってくれている。熱い志に感謝の気持ちでいっぱいである。

(宇都宮市立峰小学校　金井寧)

⑤近代産業を支えた歴史の山で誕生した子ども観光大使
（足尾環境学習センター：日光市）

足尾の未来を創る植樹体験

足尾の歴史で環境を学ぶ

　鉱毒事件という歴史を乗りこえつつある足尾の町。環境学習センターで、足尾の山の歴史を学んだ。台風が近づく悪天候の中であったが、足尾の山に植樹を行うことができ、自分が植えた木の成長を願うとともに、緑の大切さを再認識した。

◆事務局長の手ごたえ◆

　国交省足尾出張所、足尾緑の会の協力をいただき、「足尾の歴史を学び植樹体験をしよう」というテーマのもとに行った。足尾の歴史を学ぶだけでなく、未来の足尾を創る植樹体験は、「一生の宝物になる」と、参加した子ども・保護者ともに、感動した様子だった。　　　　（小山市立乙女小学校　松本一樹）

⑥「ブランドリンゴ」の里で誕生した子ども観光大使
（渡辺リンゴ園：矢板市）

自分の手でリンゴをもぎる感動　　　　ブランドリンゴのジュースは最高

　リンゴなどの農産物が、気候や害虫などによって、その生育が左右されることをリンゴ農家の人から直接学ぶことができた。自分の手でリンゴを取り、食べた味は最高だった。

◆事務局長の手ごたえ◆

　渡辺リンゴ園の渡邉幸史氏は、風評被害や、台風被害で苦しい時にも、開催を3年間協力してくれた。また、認定式に毎年、りんごチップを子どもたちにプレゼントしてくださる。市長も毎年参加し、矢板のよさを地域一体となり、PRできた。

（矢板市立矢板中学校　荒川拓之）

第3章 ふるさと再生の切り札「子ども観光大使」

⑦受け継がれる伝統産業の地で誕生した子ども観光大使
（結城紬技術支援センター：小山市）

実演を見て、すごさを実感

結城紬の歴史を学ぶ観光大使

　3つの班に分かれて、糸取り体験、機織り機見学、真綿にふれる体験などを行った。着物を1着作る工程の手間と繊細さを学ぶことができ、製品の価値と技術の高さを感じていた。

　参加者は伝承の重要性を感じていた。

◆事務局長の手ごたえ◆

　参加者に桑の葉をパウダーにして練り込んだクッキーを配付した。このクッキーを作っているのは就労支援施設のパステルさん。素晴らしい活動ですねと理事長さんが絶賛してくださった。クッキーには「夢」という文字がつけてあった。

（小山市立間々田小　橋本拓弥）

⑧皇室の食材を作っている牧場で誕生した子ども観光大使

(御料牧場:高根沢町)

馬車に使われる馬に触れる

馬のエサの飼料にも触れてみる

　御料牧場と皇室との関係や牧場の仕事の説明を聞いた。馬車に使われている馬に触れたり、大きなトラクターに乗ったり、飼料に触れるなど様々な体験を通して御料牧場の魅力を堪能した。

◆事務局長の手ごたえ◆

　宮内庁管轄の御料牧場は、普段は入れない場所である。その敷地に入って、皇室の晩餐会で用いられる食材を作るための大型器械を見学したり、馬車を引く馬と触れ合ったりするのは、子どものみならず大人にとっても貴重な体験となっている。今後も宮内庁との連携を続けていく。

(高根沢町立西小学校　平山勇輔)

⑨ラムサール条約に登録された地で誕生した子ども観光大使
（渡良瀬遊水地：栃木市・小山市・野木町）

渡良瀬遊水地の歴史を学ぶ

石に思い思いの絵を描く

　足尾鉱毒事件による鉱毒を沈殿させ、無害化することを目的に渡良瀬川下流に作られた渡良瀬遊水地にて開催された。田中正造に代表される鉱毒事件の舞台となった旧谷中村の歴史を学んだあとに、遊水地の石に絵を描くストーンペインティングをして楽しんだ。

　2012年にラムサール条約に登録された渡良瀬遊水地の様子や珍しい植物などを観察することができた。

◆事務局長の手ごたえ◆

　渡良瀬遊水地の石を使って、ストーンペインティングを体験した。渡良瀬遊水地アクリメーション財団の白井専務の協力のもと毎年この地で実施している。

（栃木市立大宮南小学校　山口浩彦）

⑩自然豊かな森の中で誕生した子ども観光大使

(那須平成の森：那須町)

インタープリターの説明で自然を学ぶ

森の中でクイズを楽しむ

　森に入り、インタープリターの方の作ったクイズを保護者と子どものグループで解いていった。「葉っぱがトゲトゲ」「木の肌が冷たい」などのヒントを子どもや親がジェスチャーで表し、木を探し出した。森の自然で体験したことをちぎり絵にして発信した。

◆事務局長の手ごたえ◆

　インタープリターの長田氏が、親子で森に親しめるような問題を出題してくれた。木の種類によって木肌の温感が違うなど、クイズに答えることで自然を学べるように考えられていて、年間様々なプログラムを運営している那須平成の森ならではの工夫が素晴らしい。　　　　　　（那須町立高久小学校　加賀谷晃子）

⑪生乳生産本州一の地で誕生した子ども観光大使

(体験館 "TRY"TRY"TRY":那須塩原市)

牛の胃袋が4つあると聞いて驚く

牛の糞は無臭でびっくり

　体験館の館長から、牛の育て方や食育についての話を聞いた。牛の乳搾りやヤギとの触れ合いなどを体験した後に、昼食に郷土料理の牛乳すいとんを食べた。子どもたちが驚いたのは、牛の胃が4つあることと牛の糞が臭わないということだった。

◆事務局長の手ごたえ◆

「体験館"TRY"TRY"TRY"」館長の人見みゐ子氏は、食育を通し、子どもたちに命の大切さを伝える教育活動に力を入れている。観光大使のために通常よりも格安で活動を引き受けてくださり、応援してくださった。

(矢板市立矢板中学校　荒川拓之)

⑫芭蕉が訪れた俳句のメッカで誕生した子ども観光大使
（芭蕉の館：大田原市）

芭蕉に負けじと俳句作り　　　　芭蕉の句碑を勉強中

　学芸員の方から芭蕉の読んだ俳句や「奥の細道」の話を聞いた。芭蕉が俳句を詠んだ場所にて、親子で楽しく俳句作りにも挑戦した。作品は芭蕉の館に展示される。

◆事務局長の手ごたえ◆

　講師の新井敦史氏は下野新聞に松尾芭蕉の連載をしている。講座の内容もアイディアを出しながら取り組んでくれた。作った俳句は芭蕉の館に掲示されている。

（栃木市立大宮南小学校　山口浩彦）

⑬人間国宝を生んだ陶芸の町で誕生した子ども観光大使

(益子中学校:益子町)

プロの技に目を見張る観光大使

思い思いの作品作りに取り組む

　濱田庄司など人間国宝を生んだ陶芸の町益子の子どもたちでも、日常生活で陶芸に触れることは、それほどない。自分の手で粘土をこねたり、感触を楽しみながら作品作りができる場を提供する。

　町内の公立中学校にある陶芸小屋を会場とし、プロの陶芸家を講師に招いて行った。

◆事務局長の手ごたえ◆

　講師の大和知子氏は、子どもたちのために素早く焼き物を焼いてくださっている。通常2か月ほどかかるが、「年内に子どもたちに渡したい」ということで、1か月ほどで焼いてくださった。発送作業も焼き上がったらすぐに行って、一緒に行っている。
(市貝町立小貝小学校　塩沢博之)

⑭日本有数のラーメンの町で誕生した子ども観光大使
（佐野ラーメン森田屋総本店：佐野市）

青竹で麺作りに挑戦　　　　　　　ご当地佐野かるたで歴史の勉強

　ゆるきゃらグランプリで1位を獲得した「さのまる」と記念撮影をしたあと、生地を切って麺に変わる様子を見学した。講師の方に教わりながら、青竹手打ちなどを体験した。順番を待っている間に、佐野かるたを行ったり、佐野市の歴史や特産品を学んだりして、楽しく過ごした。

◆事務局長の手ごたえ◆
　森田屋総本店の森田徳成氏のご協力をいただき、青竹打ちラーメン作りの体験をした。体験を待っている間、地域の歴史を学べる佐野かるたを楽しんだ。麺作りの大変さと鮮やかさを学んだ子どもから、「将来、ここで働きたい」との感想があった。
（佐野市立天明小学校　遠藤祥一）

第3章 ふるさと再生の切り札「子ども観光大使」

⑮もの作りの町で誕生した子ども観光大使

（鹿沼市公立小学校：鹿沼市）

組子細工作りの基本を学ぶ　　集中して組子細工作りに挑戦中

　鹿沼の伝統工芸品である組子細工のコースター作りに挑戦した。子どもたちは、細かな細工が施された材料を接着剤は使わずに組み立てていた。部品を壊さずに完成させた子どもたちは達成感に浸っていた。

◆事務局長の手ごたえ◆
　講師は鹿沼市建具商工組合理事長白石修務氏、職人の豊田皓平氏、渋江康二氏。毎年リピーターがおり、「昨年よりも上手にできた！」と自分の成長を感じている。参加者は組子細工の精緻さに驚き、「自宅でも作りたい」「他の方にも紹介したい」と組子細工セットを取扱店で購入してから帰路につく方がいた。
（鹿沼市立北小学校　春山和順）

⑯紙すきの町で誕生した子ども観光大使

(和紙の里:那須烏山市)

手すき和紙作りに挑戦　　　　　　慎重に和紙を作っていく

　烏山和紙の歴史や作り方について説明を聞き、手すき和紙作りを体験した。プロの伝統の技を実際に見学した後に、良い和紙を作るコツを教わり真剣に取り組んだ。ご当地チャレランでは、和紙を使った活動を行っていた。

◆事務局長の手ごたえ◆

　福田製紙所の福田長弘氏、福田博子氏を講師に迎え、和紙の里での手漉き和紙作り体験を行った。手漉き和紙作りという伝統の技を体験することを通して、子どもたちは和紙の美しさや丈夫さ、1枚の和紙ができるまでの大変さ、そして伝統技術の素晴らしさを学んだ。「ぜひ大人も体験したい」という保護者の声もたくさん寄せられた。

(那珂川町立馬頭小学校　中山孝志)

第3章 ふるさと再生の切り札「子ども観光大使」

⑰日本で最初にできた大学で誕生した子ども観光大使
(足利学校：足利市)

神妙に論語を素読中

家族とウォークラリーを楽しむ

　足利学校の普段は入ることのできない書院にて、素読体験を行った。素読を通して、講師の方から論語の大切さを教えていただいた。その後、家族とウォークラリーを行い、孔子立像の大きさや字降松(かなふりまつ)の由来などを知り、足利学校の歴史を学んだ。

◆事務局長の手ごたえ◆
　足利学校では普段入れない書院での論語素読体験。講師の石川博右氏より論語の素読を通して、思いやりの大切さを学んだ。子どもたちは、大きな声でしっかりと素読をすることができた。その後、家族とともにウォークラリーを行った。孔子立像の大きさに驚いたり、字降松の由来を知って感心したりと足利学校の歴史を学んだ。　　（栃木市立大宮南小学校　山口浩彦）

⑱生産量1位を続けるイチゴの里で誕生した子ども観光大使
（二宮尊徳資料館・猪野さんちのイチゴ農園：真岡市）

尊徳の様々なエピソードを学ぶ

イチゴを手で摘みペロリ

　真岡市二宮の「桜町陣屋」は二宮尊徳ゆかりの地。尊徳の思想をしっかりと勉強。その後、栃木県女性農業士の方から、40年連続生産量日本一の真岡のイチゴについて紙芝居で学んだ。体験イチゴ園では、甘さいっぱいの「とち姫」というイチゴをほおばり、そのおいしさに舌鼓を打っていた。

◆事務局長の手ごたえ◆
　講師は栃木県女性農業士の猪野正子氏。毎年、直接会って打ち合わせを行っている。直前に農薬問題が報道されたときには、保護者に直接説明をしてくださり、安心してイチゴ狩りをすることができた。子ども観光大使のために協賛金もいただいている。
（市貝町立小貝小学校　塩沢博之）

⑲栃木県子ども観光大使認定式
（栃木県庁昭和館：宇都宮市）

歴史ある昭和館正庁にて子ども観光大使が勢揃い

　2013年度、39名の子ども観光大使が誕生した。2014年度は、77人と約2倍の観光大使が誕生した。

　そして、3年目の2015年度は85人の子ども観光大使が認定された。子どもたちが手にしているのは、認定証である。認定証は、子ども観光大使名誉顧問である上野通子参議院議員から授与された。

子どもたちに挨拶をする筆者

渡良瀬遊水地を題材に授業をする筆者

5 子どもたち、保護者はどう感じたのか

　では、これらの活動に参加した子どもと保護者は、どのような反応を示しただろうか。

　子ども観光大使のすべての会場でアンケートを実施している。ここでは、その中からいくつかを紹介する。パーセンテージは、参加者の満足度を示している。

　もちろん、アンケートだけで効果のすべてを測ることはできない。しかし、教師のボランティアで行っている本事業が、人々に好影響を与えるということが数値でも証明されれば、活動に対する一定の意義を見出すこともできる。

【宇都宮市：親子で餃子作り体験を行ったことへの評価】
　（児童）満足：91％、やや満足：9％
　（保護者）満足：93％、やや満足：7％
　（保護者の主なコメント）

①餃子作りが実際に体験でき、食べられて満足しています。この体験をもとに学校などで周りの子どもたちに伝えられたらと思います。
②とても良い講座でした。餃子作りが上手になったようでうれしいです。餃子は家族ともども大好きなのでこれからもたくさん作りたいです。宇都宮餃子、たくさん発信します。

【高根沢町：御料牧場で牧場の仕事にふれたことへの評価】
　（児童）満足：96％、やや満足：4％

(保護者)満足：86％、やや満足：14％
(保護者の主なコメント)
①貴重な体験ができて本当に良かったです。子どもにとって忘れられない思い出になったと思います。学校では勉強しないけれど、大切なことが学べて良かったと感じています。
②セキュリティー上、バスからの見学だと思っていましたので、実際に馬に触れたりトラクターに乗ったりと、子どもたちは大喜びでした。先生方のこのような取り組みに感謝いたします。

【足利市：足利学校で論語の素読体験を行ったことへの評価】
(児童)満足：82％、やや満足：18％
(保護者)満足：87％、やや満足：13％
(保護者の主なコメント)
①今回の足利学校は、論語の素読が良かった。また、クイズ形式の勉強も良かった。時間をもう少し増やしても良い。

【那須烏山市：いわむらかずお美術館での読み聞かせ体験への評価】
(児童)満足：96％、やや満足：4％
(保護者)満足：88％、やや満足：12％
(保護者の主なコメント)
①直接絵本作者から色々な話を伺うことができ、大変興味深いものでした。自分が子どもの頃から読んでいて、自分の子どもにも何度も読み聞かせをした本のいわむら先生の話がきけてとても良かったです。
②日頃なかなか体験することができない体験ができてとても良かっ

たです。いわむら先生の講話も聞くことができてとてもよい経験ができました。

【下野市：干瓢むきとふくべ作り体験を行ったことへの評価】
（児童）満足：100％
（保護者）満足：95％、やや満足：5％
（保護者の主なコメント）

①干瓢むきが体験できて良かった。えつけも親子ともに楽しく作ることができて夏休みの良い思い出になります。
②普段、干瓢まきしか食べることがなくて、あまり食卓に出すこともなかったけれど、全国生産一の干瓢がどうやって作られるようになったのか勉強になりました。

【日光市：足尾の山の歴史を学び植樹体験を行ったことへの評価】
（児童）満足：57％、やや満足：43％
（保護者）満足：67％、やや満足：33％
（保護者の主なコメント）
①台風11号の影響で、大雨・強風の天候の中、「中止かなあ」と思いながら、ようやく辿りついて、中止にもならず、植樹体験をさせていただくことができて、貴重な経験ができました。みんなで植えた木がすくすくと大きくなってくれることを願っています。公害によってなくなってしまった緑を1日も早く、取り戻すことができるように。機会があれば、また植樹に来たいです。今日は、台風の中、足尾の緑の会の方たちにも協力いただきありがとうございました。

【矢板市：認定ブランドリンゴ園でリンゴ狩りをしたことへの評価】

（児童）満足：90％、やや満足：7％、やや不満足：3％
（保護者）満足：33％、やや満足：63％、やや不満足：4％
（保護者の主なコメント）

①りんごがなっているところを見せていただけて良かったです。子どもに初めての経験でした。また来たいです。11月に、また伺います。りんご、農作物は、気候や虫に左右されることがよく分かりました。

【小山市：伝統工芸品である結城紬の織物体験を行ったことへの評価】
（児童）満足：75％、やや満足：25％
（保護者）満足：59％、やや満足：41％
（保護者主なコメント）

①富岡製糸工場に行ったばかりで、違った技法について知ることができて良かった。糸つむぎの作業や機織りの作業は手間や時間がかかることが分かり、大変だと感じました。
②着物に必要な繭の数や絹糸の長さを教えていただきました。製品の価値の高さ、伝承の重要さを感じました。有意義なイベントありがとうございました。

　活動を行ったすべての会場で、アンケートを実施した。参加者は、それぞれ忌憚のない意見を述べてくれた。
　正直、これらの活動が参加者にとって有益であったかどうか、不安な部分もあった。もちろん、不評であれば、次年度その反省を踏まえて改善していけばよい。
　それでも、不評が多いと困ることもある。子ども観光大使は、地域の良さを知り、それを発信する活動まで含まれる。そのために、仮に不満足群が多くなってしまうと、良さを発信するというレベルまでいかず発信作業に支障が出てしまう。そうなれば、当初の目的

を達することができなくなる恐れが生じる。

　結果は、数値が示すように、どの会場も、満足感を得た参加者が圧倒的多数を占めた。事務局にとって、これは大変ありがたい結果となった。

　これは、数値のみではなく、会場を後にする子どもたちや保護者たちの表情からも満足感を見て取ることができたことでも、実感している。

　満足群の多くが指摘するのは、その活動をすることが初めてだということである。参加者は、栃木県に住んでいる小学生であるが、県内であっても住居地が違えば他地区の観光資源に触れることは少ない。

　特徴的であったのはその地域に住んではいても、地域内観光資源に触れたことがない、または体験したことがないという子もいたことである。

　子ども観光大使は、観光教育の一環で行っている。将来、ここで学んだ子どもたちが成人して、地元の良さを広くアピールしていくことを期待している。それにより、他地域との人的・物的交流を促進して、地域の活性化を目指す。

　観光資源を知らなければ、周りに広めることは期待できない。だからこそ、地域観光資源に直接触れる体験をメインとしている。

　地域の良さを学んだ子どもたちは、いずれ成人して、各地で、各界で活躍をするだろう。その時に、子ども観光大使で学んだ栃木の良さをぜひとも多くの人に紹介してほしいと願っている。

　その要となるのが「ふるさと愛」である。その素地を養うのは、物事への感情を素直に表現できる小学生の頃だと考えている。

第3章 ふるさと再生の切り札「子ども観光大使」

6 全国各地で次々と誕生する子ども観光大使

　子ども観光大使事業は、栃木県だけではなく、全国各地で行われている。代表的なものを見てみる。

①兵庫県一長い加古川で遊ぼう
（加古川：兵庫県加古川市）

網ですくった川の生き物に興味津々

　瀬戸内海に流れ込む、兵庫一長く、広い加古川の下流に入り、生き物調査を行った。テキストを使って加古川について学んだあと、実際に川に入った。魚や生き物の居場所や捕まえ方を教えてもらい、網などを使って捕まえた。その後、種類ごとに分け、名前や特徴を教えてもらった。

②「紙のまち」富士市で作ってみよう! 「紙バンド」作品
(富士市民活動センター:静岡県富士市)

保護者も思わず覗き込む紙バンド作り

　「紙のまち」として栄える富士市で、富士市から全国に広がっている「紙バンド」をテーマに講座を行った。

　子どもたちは、バッグや造花などの「紙バンド」作品の出来栄えに驚いた。また、「紙バンド」作品がエル・デコ賞を受賞するなどヨーロッパでも評価されていることにも驚いていた。子どもたちは、講師の先生方に教わりながら、紙バンドを組み合わせて「コマ」や「ストラップ」を作った。自分の作品を自慢げに家族に見せたり、参加者同士が笑顔で作品を見せ合ったりと、ほほえましい光景が見られた。作品作りの後、子どもたちは、観光短歌や観光絵はがきを作り、自身が体験して学んだ「紙バンド」の魅力を発信した。

③世界の名古屋港水族館の魅力に触れよう

（名古屋港水族館：愛知県名古屋市）

水族館の様々な仕事を映像で学ぶ

　ペンギンやアザラシなど南極海の多くのエサになる体長5～6センチメートルの南極オキアミ。この生き物は、飼育がとっても難しい。名古屋港水族館は、世界で初めて繁殖に成功した。その功績をたたえられ、水族館や動物園に贈られる最高賞「古賀賞」を受賞した。水族館の歴史や仕事内容を映像で学んだあと、イルカのショーなどを見学して、名古屋港水族館について詳しく知った。

④国宝松本城の秘密を知ろう

（松本城：長野県松本市）

　案内ボランティアの方々にゆっくり話を伺った。松本城の周りを歩きながら、また城内に入って、当時の様子や現在での価値について詳しく教えていただいた。そのあと、松本城の魅力を俳句にして発信をした。

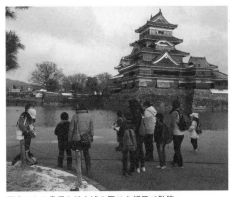

国宝である貴重な松本城の周りを親子で散策

⑤真珠の玉出しとアクセサリー作りをしよう
(平浦:愛媛県宇和島市)

手慣れた手つきの真珠の玉出しに視線はくぎづけ

　自分の手でアコヤ貝から玉出しをし、出てきた真珠を使って、アクセサリー作りを行った。目の前の貝から本物の真珠が出てきた時、子どもたちはとても感激していた。ブレスレットやペンダントになったアクセサリーを、子どもたちは喜んで身に付けていた。

⑥国生みの地「伊弉諾神宮(いざなぎ)」の魅力を発信しよう
(伊弉諾神宮:兵庫県淡路市)

　12月13日、国生み神話で有名な伊弉諾神宮にて活動を行った。当日は、巫女神楽の見学、拝礼体験、そして本名孝至宮司より伊弉諾神宮の歴史についてお話しいただいた。本名宮司からは、「日本という国が素晴らしい国であるということをしっかりと勉強してほしい」と激励の言葉をいただいた。

神妙な面持ちで宮司さんのお話に聞き入る

⑦法隆寺の七不思議をさぐろう
（法隆寺：奈良県斑鳩町（いかるが））

　斑鳩町シルバーガイドの尾崎義美さんの案内で、法隆寺境内を探検した。

　尾崎さんに教えてもらった「法隆寺の七不思議」を探すという活動をしたのです。見つけた七不思議は、探検のあとマップにまとめた。

　斑鳩町に住んでいても、法隆寺にはあまり来たことがないという子もたくさんいて、みんな興味津々で活動していた。

⑧新居浜を築いた別子銅山

（別子銅山遺跡群：愛媛県新居浜市）

市内に数多く残されている別子銅山の遺跡群を調査し、その素晴らしさを発信する活動を行った。

多くの遺跡群を見学し、関わりのある人の話を聞いた。子どもたち114名は新居浜別子ライオンズクラブから「子ども観光大使」の認定を受けた。

⑨日本の芸術文化「浮世絵」の印刷体験をしよう

（久保惣記念美術館：大阪府和泉市）

和泉市の久保惣記念美術館は、国宝の「青磁 鳳凰耳花生 銘万声」「歌仙歌合」をはじめピカソ、ゴッホなど世界が憧れるコレクションがある。

この美術館で、日本の芸術文化「浮世絵」の印刷体験を行った。実際に「刷る」体験を通して、江戸時代から続く「浮世絵」のことを理解することができた。

自分で作った浮世絵の出来栄えは？

⑩ 親子で和菓子を作ろう

（パルみおや：石川県中能登町）

おいしい和菓子作りに挑戦中

　地元の和菓子職人から習い、親子で練り切りを３種類作った。
　次に、和菓子クイズに挑戦し、職人の解説を聞いた。それから和菓子検定を受けた。最後に、心に残ったことを観光はがきに表した。

⑪ 茶屋町で受け継がれている鬼太鼓に触れよう

（茶屋町公民館：岡山県倉敷市）

　鬼太鼓を受け継いでいる保存会の方と鬼太鼓を叩いたり、和菓子職人と鬼のお菓子を作ったりした。親子で仲良くお菓子を作ったり、鬼のお面をかぶって太鼓を叩いたりした。お菓子は２個作ったが、食べようとせず大事そうに持って帰る子がほとんどだった。鬼太鼓は、鬼や音に驚いた子もいたが慣れてきて力強く太鼓を叩けた。

迫力ある鬼太鼓の演奏

⑫レンコン掘りに挑戦しよう！

(立田地区レンコン田：愛知県愛西市)

保護者と一緒にレンコンを掘る

　愛西市立田地区のレンコン田を借りて、レンコン掘り体験を行った。

　クワを使って、一本一本掘るという愛西市伝統の掘り方を学び、子どもたちは、レンコンを折らないようていねいに一本一本掘っていた。

第4章

子ども観光大使
成功の10の鉄則

さあ今すぐ
子ども観光大使を始めよう

　現在、子ども観光大使事業は、全国に広がっている。
　その中心となって動いているのは、民間教育団体TOSSに所属している教師だ。
　そのTOSS教師から何度も質問をされることがある。それは「子ども観光大使をしたいのですが、何から始めればいいのですか」という内容だ。
　こういう質問をする人は、本当に頑張っている人だ。
　どうにか観光大使事業を始めたい。
　そして、地域や故郷を愛する子どもたちを育てたい。
　そういう思いが募っての質問だろう。だから真摯に答えたいと思う。
　思うのだが、質問があまりに大雑把すぎて、何から伝えればいいか難しい。
　子ども観光大使事業は、自分たちだけで行うセミナーとは違って、多くの方たちと連携をしていかなければならない。
　行政や民間の方、保護者など、通常関係することのないような人たちと一緒に仕事をしていく。
　まず、失礼のないように進めるにはどうしたらいいか、考えるだろう。
　さらに講座内容は、どうしたらよいのだろうかと考えるだろう。
　講師は、どのような人に頼めばいいのだろうか。
　会場は、どこを押さえればいいのか。
　定員は、何人にすればいいのか。
　後援はどこに、どのような形で依頼すればいいのだろうか。

スタッフは、どのようなことをすればいいのか。
　などなど、実に細かいことにも思いが馳せていくだろう。
　これらは、不安となり、「難しいからやめてしまおうかな」と弱気になる。
　仕方がないと思う。これらのことは、今までどこにも書いていなかった。
　それぞれが細かいことであるが、このようなことがはっきりしていなければ、失敗してしまう。神は底部に宿るという。小さなことが大切だ。
　栃木県では子ども観光大使実行委員会を立ち上げている。事務局長の山口浩彦氏を中心に、全県下で子ども観光大使事業を展開している。
　初めは、分からないことばかりだった。1年目は苦労の連続だったことだろう。
　いわゆる「手弁当」という形をとるこの事業は、多くの場所で苦労とともに数々のドラマを生んできた。
　この活動を展開して良かったと心から思えるような体験が、この事業を成功させる原動力になるのだ
　私は会長を務めているが、実質取りまとめをしているのはそれぞれの会場の事務局長を務めている人たちだ。
　2年目、3年目と会場は増え続けている。いずれ、栃木県全部の市町で開催される。
　前年に経験をしているとはいえ、多くの方と連携を取らなければならないこの事業は、大変デリケートな作業の連続である。
　そういった苦労の中から蓄積されてきた「知恵」がある。
　それは人それぞれ違うであろうが、どれもが誰かには役に立つ珠玉の情報なのである。
　例えば、右上段の写真は、県庁で行われた認定式の場面である。

第4章　子ども観光大使成功の10の鉄則

認定証を渡してくださるのは実行委員会の顧問を務めていただいている、栃木県の経済同友会の方である。

写真に写ってはいないが、もう一人上野参議院議員にも渡していただいている。

このような段取りをつけるのも、大切な細かい作業だ。

下段の写真は、栃木県元気ニコニコ室長の「とちまるくん」である。この中には、スタッフが入っている。

これも県側と何度も打ち合わせをして実現した。

おかげで子どもたちの笑顔がはじけた。

その中から、今後子ども観光大使を行いたいという人が必要とする内容を、各事務局を務めた人の目線でまとめてみた。

鉄則1　行政・各団体との交渉は、1年前から行う
情報提供者：山口浩彦（子ども観光大使実行委員会実行委員長）

> Q1　行政やほかの団体との交渉は、いつから始めればいいのですか。

　行政、各団体との交渉は、できるだけ、早い方がいいです。どんなに遅くとも半年前には、お互いに顔合わせはしておきたいものです。

　行政と連携したい時には、まずは観光課に行くことをお勧めします。というのは、子ども観光大使事業は、国土交通省の観光庁に応援をしてもらっているからです。

　今は、市民協働が行政のテーマになっています。数年前よりも話を聞いてもらえる体制ができているはずです。つながりがあれば、まちづくり課や秘書課でもいいと思います。私は、つながりがあった市民助成課の方が観光課に紹介をしてくれました。その方は、元保護者でした。普段から教師として足元をしっかりしておくと、こうした時に助けてもらえるということを実感しました。

> Q2　何にも繋がりのない団体、例えば県庁との連携は、どのように行っていったのですか。

　何も繋がりのない栃木県庁とのつながりは、知事と繋がったことがプラスになりました。

　日光市で、杉並木マラソンが行われることになりました。そこに観光庁長官が走ると聞いたので、とにかく日光に向かいました。

　会えるかどうか確信はありませんでしたが、マラソン大会には何

度か出場していますので、自由な時間があることを知っていました。
　祭りと同じで、参加している人は皆さん気分良く参加しています。そこに、もしかしたらチャンスがあると思い、資料を用意して朝6時に出発しました。
　会場の本部席には、観光庁長官と市長、そして県知事もいました。まず、一緒に付いてきている観光庁の方に挨拶しました。
「お世話になっております。TOSS栃木の山口と申します。長官とお話しできますか。応援も兼ねて伺いました。」
「はい。TOSSの方ですか。どうぞ。」
　と案内される。長官は、侍姿でちょんまげのかつらをかぶり、記者と話していました。
「TOSS栃木の山口と申します。長官の応援に伺いました。」
「TOSSの先生ですか。いつもお世話になります。ありがとうございます。」
　と挨拶を交わしました。
　そして、子ども観光大使の話になり、観光庁長官は子どもたちのために協力してくれると話してくださいました。目的の知事には、長官自ら紹介してくださいました。
「先生方が子どもたちのためにやっています。ぜひ協力してあげてください。」
　とのことで、とてもありがたく思いました。これで、TOSSと観光庁で連携してやっている企画ということが伝わりました。
　県知事もとても興味深く話を聞いてくれました。認定証で知事の名前をお借りしたいということにも協力すると約束してくれました。知事は、秘書の方を呼んで、資料を後日預かるようにと伝えてくれました。
　最初は、やっていることに賛同していただくことが、大切です。交渉団体の決定権のある方に賛同していただく、特に首長は、地域

のことをよく考えています。地域に貢献したいと考えています。だから、どうやってそうした方と会えるか考えるといいです。マラソン大会や、地域の行事であるお祭り、そして賀詞交換会などです。気軽に会えるところで、賛同してもらえれば、その後は現場との交渉に繋がっていきます。

　私たちは、知事交渉の３週間後に県庁の会議室で県教委、観光課の方と交渉を行いました。後援をいただいたのは、それから半年後です。

　さらに半年後に、下野新聞社の賀詞交換会がありました。そこには、知事が参加します。気軽に話せる場です。知事が私のテーブルに来た時に、後援について話をしました。

「夏の日光のマラソンの時には、ありがとうございました。TOSS栃木の山口と申します。ぜひ、子ども観光大使の認定証でお名前をお借りしたいと思っています。」

「山口さん。あの時そういえば話したね。まだなの。あの時職員に話したのになあ。何をもたもたしているのかな。」

「日光の風評被害もあります。子どもたちがふるさとに誇りを持てるようにぜひお願いいたします。」

「そうだよねえ。山口さんが子どもたちのためにいいことしているのだから、もう一度職員に話しますよ。」

「ありがとうございます。」

　この後、後援と認定がおりることになりました。最初の後援がおりるまでは、時間がかかります。粘り強く何度もメールで確認していくといいと思います。一度通れば、毎年通るようになるからです。

鉄則2　信頼を得るために、多くの団体からの後援を得よ
情報提供者：山口浩彦（子ども観光大使実行委員会実行委員長）

> Q3　後援を得ることで、協力してくれる団体を増やすことは大切だと思います。できるだけ多くの団体から後援を得たいと思いますが、どのようなことを心掛けたら良いでしょうか。

　後援をいただくというのは、その組織からのお墨付きをいただくことになります。そのおかげで、人々からの信用度がぐんと高まります。特に公的な機関からの後援は大きいと考えています。

　まずは、私が後援を取りに行きました。その時の文書などは、全て子ども観光大使のMLに流していきました。こうすることで、各事務局の人たちが成功事例や提出文書を共有していくことになります。

　私は、次のような順番で行いました。

①後援申請のアポとり（電話）をします。
②資料の準備と交渉団体の観光、社会貢献についてのホームページを見ておきます。
③後援申請書・予算書・実施要項・団体規約・団体名簿・返信用封筒等の資料を作成します。
④交渉に行きます。交渉が難しいところは、複数で行く方が効果的です。その際に、名刺、資料をクリアファイルに入れておくと便利です。
⑤いつ頃、後援の申請結果が出るかの確認をしておきます。

後援は、最初に栃木県経済同友会からいただきました。経済同友会は、各方面に力を持っています。この組織から賛同していただいたことがとても大きかったです。
　その後、栃木県、実施場所の全ての自治体、実施場所の全ての観光協会、実施場所の全ての教育委員会、栃木県教育委員会と次々と後援をいただくことになりました。

> Q4　会則を作りたいと考えていますが、栃木県子ども観光大使実行委員会の会則を教えていただけますか。

　子ども観光大使の会則は次の通りになります。参考になればありがたいです。

栃木県子ども観光大使実行委員会　会則

（名称）
第1条　本会は、「栃木県子ども観光大使実行委員会」と称する。
（目的）
第2条　本会は、児童の故郷である栃木県の観光地を知り、栃木県の良さを学び、発信する機会を提供する「栃木県こども観光大使教室」を実施するために組織する実行委員会である。観光立国の基本理念である「住んでよし、訪れてよしの国づくり」の実現のため、観光に対する興味や理解を教育の早い段階から促し、地域の魅力を発信できる担い手が必要であるとの認識に立ち活動を行う。

（事業）
第3条　本会は、前条の目的を達成するため、「栃木県子ども観光大使教室」の準備、運営、実施及び普及活動を行う。
（組織）

第4条　本会は、会の目的に賛同する会員によって構成する。所在地を栃木県栃木市に置く
　　　　住所　〒○○○－○○○○　栃木県栃木市○○町
（役員等）
第5条　本会には、次の役員を置く。
（1）実行委員長（代表）1人
（2）副委員長（委員長代理・事務局長）　2人
（3）監事1人
（4）会計1人
　2　必要に応じて、会長、顧問を置くことができる。
（役員等の選任）
第6条　実行委員長及び、副委員長、監事、会計は、会員の互選による。
　2　顧問、会長は、実行委員長が委嘱する。
（役員等の職務）
第7条　実行委員長は、本会を代表し、会議を総理する。
　2　副委員長は、委員長を補佐し、委員長に事故あるとき、または委員長が欠けたときは、その職務を代理する。
　3　監事は、本会の財産・業務を監督する。
　4　会計は、本会の会計処理を行う。
　5　顧問、会長は、本会の運営に関して、助言をする。
（任期）
第8条　役員等の任期は、本会の目的が達成されたときまでとする。
（会議）
第9条　本会の会議（以下「会議」という。）は、役員及び会員をもって構成する。
　2　会議は、実行委員長が招集し、議長となる。
　3　会議は、次の各号に掲げる事項を審議し、決定する。

（1）こども観光大使教室の準備、運営、実施等に関する事項。
（2）普及活動に関する事項。
（3）本会則に関する事項。
（4）その他重要な事項。
　4　会議の議事は、出席者の過半数で決し、可否同数の場合は、議長の決するところによる。

（委員長の専決処分）
第10条　実行委員長は、会議を招集するいとまがないときは、その議決すべき事項を専決処分することができる。
　2　実行委員長は、前項の規定により専決処分したときは、これを次の会議において報告しなければならない。

（事務局）
第11条　本会の事務を処理するために事務局を置く。
　2　事務局に関し必要な事項は、実行委員長が別に定める。
　3　事務局を、以下の場所におく。
　　　住所　〒○○○－○○○○　栃木県栃木市○○町

（解散）
第12条　本会は、その目的が達成されたときに解散する。

（委任）
第13条　この会則に定めるもののほか、本会の運営に関し必要な事項は、実行委員長が別に定める。

　　附則　この会則は、平成○○年○月○日より施行する。

鉄則3　チラシを最大限に活用せよ
情報提供者：山口浩彦（子ども観光大使実行委員会実行委員長）

> Q5 子ども観光大使事業を多くの人に知っていただくには、チラシが有効だと思います。このチラシを作成するうえでの配慮点などありますか。

　子ども観光大使のことをできるだけ多くの人に知ってもらうために、チラシを県内全ての学校に配布しています。また、チラシは、次の交渉の時にも大変役立ちます。そのために、この事業を広めるために必要になる次の情報を盛り込みます。

①後援団体
　栃木県、経済同友会、青年会議所、そして全ての自治体、教育委員会、観光協会など、後援してくださる団体を全て表記します。これだけ多くの団体が賛同し後援してくれているという証拠は、広報活動の武器となります。

②講師の名前
　講師の名前、所属は必ず入れます。今回の講師は、東照宮権宮司、那須平成の森指導者、足利学校素読の会など全て一流の方々ばかりです。場所も東照宮や足利学校など大変有名な場所です。こうした皆さんの名前と場所は、チラシを手にした人に対して、影響力があります。
　さらに、このチラシが県内全ての学校に配られるということで、講師の皆さんの地元観光地の宣伝にもなります。講師や後援をしてくださる人たちは、より積極的に協力してくれるようになります。

③実行委員会の説明
　実行委員会が、どうしてこの活動をしているのかということを、できるだけ短い言葉で表現します。
　また、透明性を確保するために、費用はどうしているかなども記載します。我々は、利益を得ることはなく、全てボランティアで

行っています。そういったことをメッセージとして表現します。今回は、チラシの最後に以下のように表現しました。

> 栃木県子ども観光大使実行委員会【顧問／上野通子（参議院議員）・内藤靖（栃木県経済同友会）、会長／松崎力（TOSS栃木）】
> 　子どもたちがふるさと栃木に誇りを持ってほしいという声に賛同した団体・行政が協働で運営し、活動しています。運営費用は、有志の方がたの協賛金などで活動しています。後援、協賛、賛同していただける方は、実行委員長の山口浩彦宛にご連絡ください。

④事務局の名前

　事務局には、TOSS栃木の中心メンバーが入りました。その事務局の先生方は、積極的に声をあげ参加してくれた方たちです。実行部隊としての先頭に立つ皆さんを表記することで、事務局を盛り上げることにも繋がります。

　チラシは、多くの人に告知するほかに、次年度の交渉にも利用しますので、できるだけ多めに印刷します。最近は、インターネットを利用して、格安で注文することができます。

鉄則4　参加者への連絡は、はがきが確実である
　　　　情報提供者：松本一樹（子ども観光大使実行委員会事務局長）

> Q6 参加者への連絡など、抜けてしまうと大変なことになってしまいそうです。どのような方法で連絡をしているのですか。

　子ども観光大使に参加される方は、メールにて申し込みをしてきます。
　参加申込みをする段階において、住所等を記載してもらい、その宛先に最終案内として、はがきを郵送することにしています。
　はがきで最低限伝えるべき事項は、以下の4点です。

---

①講座名並びに講座会場名
②受付番号
③日時
④集合場所

　このなかで、特に重要なことは、「③日時」と「④場所」です。日時においては、受付時間からお伝えします。
　場所は、地図上で示してあげる方が親切です。参加される方は、県内各地から来られますので、その会場を初めて訪れる方も多いのです。そのような方ができる限り迷わずに集合場所に来ることができるように、最大限の配慮をします。
　はがきの良いところは、伝えるべき情報量を箇条書きにして伝えることができるところにあります。
　夏場などでは、「熱中症対策の水筒の持参」などは、欠かせない安全対策となりますが、そのようなことも、「はがき」に明記して、保護者の方に確実に伝達することができます。
　また、「当日の欠席」についての連絡方法も、必ず入れておくようにします。当日の会場運営の危機管理にも繋がります。

はがきの文面を紹介します。

【はがきに書いておくと良い具体的な文例】
①筆記用具、色鉛筆、保険料（100円）をご用意ください。
②保護者同伴でお願いいたします。バスにて、植樹場所に移動する際に、乗客人数の都合のため、現地に向かう保護者の方は1名となりますので、ご了承ください。
③当日欠席される方はメールか電話で連絡をお願いいたします。会場への問い合わせは、ご遠慮ください。
⑤熱中症対策のため、帽子や水筒を持参してください。
〈問い合わせ先〉栃木県子ども観光大使実行委員会　松本一樹
メールアドレス　　電話番号
郵便番号　　　　　住所

鉄則5　感動体験をその場で発信させよ
情報提供者：松本一樹（子ども観光大使実行委員会事務局長）

> Q7　子ども観光大使では、観光資源を学習した後に、発信する活動が大切ですが、どのような方法が効果的でしょうか。

1　「絵はがき」による発信

　子どもたちの体験を、形にして「発信」させます。ただし、取れる時間は、長くても30分程度しかありません。さらに、小学1年生から6年生にまでが取り組めるようなものでなければなりません。
　このようなことを考えると、「絵はがき」はどの子も集中して取

第4章　子ども観光大使成功の10の鉄則

り組めることができる方法だと思います。

特に、その大きさがちょうどいいのです。おおよそ20分から30分程度の時間内で、ほとんどの子が完成させることができました。

どうしても完成させることができない子は、次回参加する会場の時に、持ってきてもらうようにしました。

子どもたちが描く絵の多くは、自分が作成した作品や体験した活動の様子でした。

大切なことは「絵」だけを描くのではなく、必ず「言葉」もしくは「文章」を入れるようにすることです。子どもたちには、次のように指示します。

絵はがきに取り組む観光大使

観光大使が作成した絵はがき

　講座で体験して「分かったこと・気付いたこと・思ったこと」を書いてください。

子どもたちの中には、自分の思いを俳句にして、入れている子も現れ、バラエティに富んだ絵はがきになりました。

2　子ども観光動画（ユーチューブ）による発信

　絵はがきの作成が終了した子から、「観光動画」の発信を行います。

　この時に使用するのが、先ほど作成した絵はがきです。

　子どもたちは、原稿も無しにいきなり動画で話すことはできません。特に低学年やシャイな高学年の女子などは、黙ったまま固まってしまいます。

ユーチューブで発信する

　観光絵はがきに書いたことを紹介する形で、ユーチューブで発信させるようにします。はがきが原稿になりますので、全員が発信することができました。

　保護者の方もいらっしゃるので、その場でユーチューブへのアップの了解を取ることもできました。

　絵はがきも観光動画も回を重ねるごとに、上手になっていきました。

鉄則6　子どもたちの健康管理に、最善を尽くせ
　　　　　情報提供者：松本一樹（子ども観光大使実行委員会事務局長）

> Q8　子どもたちを集めて行う活動には、不安が伴いますが、どのような配慮をすればいいでしょうか。

第4章　子ども観光大使成功の10の鉄則

1　事前に保険に入る

　子ども観光大使に参加する児童・保護者の安全面を確保するのに、必要なことは、

> 児童・保護者・スタッフ全員が保険に入る

ということです。
　子ども観光大使のようなイベントを開催する場合には、常に、万が一のことを想定しておかなければなりません。
　現在は、1日だけの「掛け捨て保険」が用意されています。事前に、保険の加入について保護者にお知らせして、当日の受付時に代金を支払っていただくようにしています。

2　夏の熱中症対策は、保護者の協力を得る

　真夏の「子ども観光大使講座」で、最も大切なことは、熱中症対策です。2013年の「栃木県子ども観光大使足尾会場」は、8月11日に開催されました。真夏の一番暑い時期であり、かつ、植樹体験という外での活動が予定されていました。
　そこで、次のような対策を行いました。

> 講座時間をできる限り午前中の涼しい時間帯とする

　足尾会場の講座時間は、以下の通りです。
【受付　9時20分　開始　9時30分〜終了予定　12時00分頃】
　県内各地から集まるスタッフのことを考えると、午後からの開始の方が良いのかもしれません。
　しかし、午後の最も暑い時間帯に外での活動になってしまうこと

になってしまいますので、早い時間帯に設定しました。

　熱中症対策では、「水分補給」が重要になります。

　保護者には、「熱中症対策のため、帽子や水筒を持参してください」という協力願いを「最終案内」はがきにしておきました（鉄則4のはがき参照）。

3　交通安全面では、誘導係をおく

　子ども観光大使の活動において、散策や道路の横断等で交通事故が予想されることがあります。そのような危険を排除するために

誘導係を事前に配置しておく

　例えば、散策の場合には、列の「前」と「後ろ」にスタッフを配置したり、横断歩道に必ずスタッフが立ったりする等の配慮が必要です。

鉄則7　後援実施報告書や御礼新聞は、できるだけ早く提出する
　　　　情報提供者：松本一樹（子ども観光大使実行委員会事務局長）

> Q9　子ども観光大使が終わったら、どのようなことをすればよいのでしょうか。

　子ども観光大使を行うには、多くの団体や各人の協力が必要になります。そのような方に、お礼の言葉を文面にして作成します。

　また、後援をいただいた場合は、報告書も速やかに作成して提出します。

1　後援実施報告書の体裁を手に入れる

「後援実施報告書」は、市の教育委員会に後援申請をする際に、その体裁をいただくことができます。基本的に、その体裁に沿って、報告書としてまとめていけば問題はありません。

2　データにして保存しておき、次年度に引き継ぐ

「後援実施報告書」は、電子データにしておいた方が便利です。データとして残しておけば、次年度に引き継ぐことが容易になるからです。

　手書きにて提出した場合にも、必ずコピーは残しておきましょう。

　基本的に、「実施報告書」の体裁は、年度が変わっても、大きく変更することはありません。一度通過した内容は、よほどのことがない限りは次年度も通過することができます。そのためにも前年度のものが保存してあると、大変便利です。

3　実施報告書を書く時に注意する点

┌─────────────────────────────┐
│ ①事業の名称を後援申請書と統一する。 │
└─────────────────────────────┘

　後援申請した「事業名」と報告書の「事業名」が違っていると、異なる事業と判断されてしまいます。これは、「事業の会場・日時」についても同様です。

┌─────────────────────────────────────┐
│ ②「事業の概要」では、参加した方々の目線でまとめる。 │
└─────────────────────────────────────┘

「事業の概要」では、「子ども観光大使」の参加者の目線で書くことで、その事業の良さが伝わりやすくなります。

栃木県小山市で結城紬について行った会場では、次のように報告をしました。

> 　講座で集まった子どもたちや保護者が楽しんで、「結城紬」の講座を受けることができた。小山市の魅力を、より再認識することができた。

　長い文章は必要ありません。市に提出しているので、「小山市の魅力の再認識」等の文言を入れた方が効果的です。

> ③「申請者」の確認印を押す。

　この「確認」の印を、つい忘れてしまうことが多くあります。これがないと、提出しても認められず、再提出となりますので、十分に気を付けたいものです。

> ④講座終了後、出来る限り早く提出する。

　「実施報告書」の提出は、可能な限り早く行います。
　「収支決算」もあるので、すぐに提出というわけにはいかない場合もありますが、遅くなればなるほど提出することが億劫になりがちです。
　行政側も、すみやかに提出することを要望しています。
　最低でも、講座終了後、1週間以内に提出できるようにしたいものです。

4　御礼新聞を作成する

　活動に参加してくださった方へのお礼も兼ねて、当日の様子や

メッセージなどを記した新聞を作成します。
作成のポイントは、以下になります。

①講師の方の写真とスピーチを大きく取り上げる

このことで、講師の方が社会貢献活動を行っているということを広めるお手伝いをします。私たちの活動に協力いただいているささやかなお礼となります。

講師の方にお渡しすることで、私たちの活動を広めていただくことにもなります。そのために、できるだけたくさん印刷をします。講師の方には、100部以上届けています。

最近は、インターネットで印刷を注文することができ、写真や紙質もきれいに仕上げることが可能になりました。

②子どもたち、講師の方、そして事務局を入れた集合写真を入れる

事務局のメンバーを入れることで、社会貢献活動に尽力している方と、我々の繋がりを知っていただくことになります。このことから教師がボランティア活動で行っ

ている説明に繋げることができます。

　メンバー自身が写っていることで、様々な団体との交渉の際に、自分たちの活動を説明しやすくなります。

③講座内容が分かるように写真などを取り入れる

　全国で、子ども観光大使を行いたい人がいます。講座内容を入れることで、そのような方たちに、どのような内容ならば実施が可能かを教えることもできます。

④子どもや保護者の言葉を入れる

　会場では、必ずアンケートを取ります。その中から、印象的な言葉をいくつか選りすぐって、取り入れます。事務局としては、好意的な言葉を取り入れることで、御礼新聞の雰囲気を柔らかいものにしたいと考えています。

⑤絵はがきなど発信した内容を入れる

　子ども観光大使の目的の一つは、観光資源の良さを知り発信していくことにあります。子どもたちが作成した絵はがきなどを取り入れることは、学びの発表ということにも繋がります。
　このように御礼新聞には、活用方法がたくさんあります。できるだけ早く、作成することをお勧めします。

> 鉄則8　実施した時に、次年度の交渉を行っておく
> 　　　　情報提供者：松本一樹（子ども観光大使実行委員会事務局長）

> Q10　子ども観光大使を実施した時に、やっておくと良いことは何ですか。

1　講師の方とその関係者との名刺のやりとりをしておく

　交渉は、まず名刺交換から始めます。教師の世界では、名刺を持っている人は少ないと思います。

　しかし、一般的には、自分の紹介をする時に、名刺を差し出すことは当たり前のことになっています。教師も、名刺を作っておくことをお勧めします。

　会場で講師の方々もしくはその関係者に会ったならば、すぐに名刺交換をしておくことが大切です。

　できれば、講座が始まる前に名刺交換をすると良いでしょう。

　講座が始まってしまうと、講師の方々は忙しくなります。

　関係者の方々も、最後までいていただけるとは限りません。

　名刺があれば、後での連絡も可能になるので、まずは講座前に、名刺交換をしておきましょう。

2　講師の方々との関係づくりに努める

　次年度の交渉が成功するかどうかは、今年度の講座を滞りなく終えることができることにかかっています。そのために、次のことが必須となります。

> 講師の方々に気持ち良く講座を行ってもらう

講座で使用するものの準備を可能な限り手伝いたいものです。当日の「段取り」をきちんと伝えておきます。
　また、子どもたちが、講座に集中できるように、机の配置や空調の管理など、会場を整えておきます。子どもたちが集中して講座に取り組んでくれることが、何よりも講師の方々への配慮になるのです。
　このような一つ一つの心配りが、次年度の交渉の成功に繋がっていきます。

3　次年度の交渉で話を進めるべきこと

　次年度について、次のように話を進めました。

　①今年度の講座をしてくれたことへのお礼を述べる。
　②子どもたちが楽しんで参加してくれた事実を伝える。
　③次年度も同様の講座を開催したい希望を伝える。

　講師の方々の予定もあるので、詳細な日程は決められないこともあります。そのための方法として

> 今年度と同様の内容で、同じ時期に行ってもらう

　といいと思います。これならば、講師の方がたも、スケジュールを確保しやすいのです。
　いきなり文書を見せるのではなく、ここまでは口頭での交渉となります。
　しかし、具体的には、文書において確認していただきます。御礼新聞と併せて、次年度の交渉に触れる形にすると、失礼がありません。

下に掲載するのは、夏場に植樹体験を行った足尾会場で講師を務めてくださった方への手紙です。お礼の言葉とともに、来年度の講師についても依頼をしています。

国土交通省関東地方整備局足尾砂防出張所　○○○　様

前略

　先日の栃木県子ども観光大使足尾会場では、大変お世話になりました。
　誠に、ありがとうございました。

　参加した子どもたちにとって、貴重な「植樹」体験になったと思います。子ども、保護者ともども、アンケートでは、「今日は楽しかった」「また参加したい」という声が多数寄せられていました。
　当日の様子を、「盛会御礼新聞」にまとめました。興味がある方々に、広めていただけますと、大変ありがたく存じます。

「絵はがき」につきまして、環境学習センターへの掲示並びに広報誌への掲載、誠に、ありがとうございます。ぜひ、よろしくお願いいたします。
「子ども観光大使」の理念として、「学んだことを発信する」ということがあります。それに、合致する貴重な機会だと考えています。
　もしよろしければ、掲載された広報誌を、何部かいただけることはできますでしょうか。こちらでも、子ども・保護者の皆様に紹介したいと思っております。
　このたびの子ども観光大使足尾会場が、無事に終えることができたのも、ひとえに、○○様はじめ、足尾砂防出張所の皆様のお力添えをいただいたからです。
　改めまして、心より感謝申し上げます。

　来年度につきましては、まだ、計画段階のため、確定はできませんが、開催が決定しましたら、ご連絡をいたしたく存じます。その節には、どうぞ、よろしくお願いいたします。
　　　　　　　　　　　　　　　　　　　　　　　　草々
　平成25年8月23日
　　　　　栃木県子ども観光大使　事務局　松本一樹

鉄則9　事務局の分担を明確にしておく
　　　　　情報提供者：松本菜月（子ども観光大使実行委員会委員）

> Q11　子ども観光大使を行う時、必要な役割とはどのような係ですか。

当日の各仕事の役割
　子ども観光大使認定式では、以下の役割を設けました。

---

①総指揮
　責任者になります。実行委員会の会長が務めます。
②住所録
　参加児童の住所等、個人情報を扱います。
③冊子作成
　これまでの活動を1冊の冊子にまとめます。会場に来られた来賓に渡します。
④カメラ写真・ビデオ撮影
　記録用に撮っておきます。
⑤児童指導、礼法指導
　認定式での礼法などを指導します。（鉄則10参照）
⑥パソコン、映像作成、音楽
　これまでの活動をスライドショーにして披露します。
⑦新聞作成
　御礼新聞を担当します。慣れてくると、会場で作成しています。
⑧来賓対応
　来賓一人一人に対応する事務局を付けます。
⑨受付・プレゼント配布
⑩司会
⑪ティーパーティー
　終わってから、参加できる講師の方と茶話会を行います。
⑫認定証授与補助
⑬実施計画作成・対外交渉プレスその他

鉄則10　認定式直前に、リハーサルを行っておく
　　　　　　　情報提供者：岩井敏行（子ども観光大使実行委員会委員）

> Q12　認定式の際に、子どもたちに配慮しておくことはどんなことですか。

　認定式は、県庁で行われます。しかもそこは正庁という普段は入ることのない特別な部屋です。子どもたちの緊張度は自然と高まってきます。
　子どもたちに失敗をさせてしまうと、楽しい思い出も苦い経験となってしまいます。
　そうならないためにも、事前にリハーサルを行います。
　リハーサルで押さえることは、次のことです。

1　動き方を教える
　そのためにやることは、大人が見本を見せることです。その後、数人にチャレンジさせて、おおいにほめてあげます。ゆっくり、一つ一つ、迷いがなくなるようにやり方を示します。

2　堂々とやればよいことを伝える
　認定証を受け取る時、右手を先に出すのか、左手を先に出すのか、緊張のために分からなくなってしまうことがあります。どちらの手を出してもよいことを伝えておきます。堂々と歩き、堂々と受け取り、堂々と席に戻ればよいことを笑顔で伝えます。

3　笑わせる
　実は、これが一番大切なことです。笑うことで、子どもたちもリ

ラックスします。
　元気な挨拶をほめてあげたり、姿勢の良さをほめてあげたりします。たくさんほめることで、自然と笑顔になってきます。
　認定証のリハーサルの中で、ちょっとおかしな認定証の受け取り方をやってみます。例えば、ものすごい速さで動いてみるなどです。そして、「これでは駄目だよねえ」と笑いながら確認します
　会場には、栃木のゆるキャラである「とちまるくん」も来ていましたので、リハーサルも本番も、笑顔いっぱいの温かい雰囲気の中進めることができました。

あとがき

　2015年の栃木県子ども観光大使事業は、餃子のまち宇都宮から始まった。事務局として参加したが、餃子づくりをとおして子どもたちや保護者たちは、宇都宮の魅力を再発見していた。そして、その顔は笑顔だった。
　わたしたちの住んでいる地域には、素晴らしい観光資源がたくさんある。少し調べてみると、それは歴史的に優れたものであったり、大変貴重なものであったりする。
　学校でまちづくり学習を行うと、子どもたちはそれまで知らなかった地域の観光資源を知ることになる。そのとき、ほとんどの子どもたちは驚きの声を上げる。「えっ、あの建物はそんなにすごい建物だったの」「いつも見ているこの風景は、そんなに魅力的なの」と、それまでの概念が覆される。
　こういった体験を積み重ねていくと、子どもたちはそれまで以上に自分たちの住んでいる場所を好きになる。ふるさとを愛する心が育まれれば、将来その地域の振興に寄与しようとする若者が育ってくれるはずだ。
　現代はグローバルな時代といわれているが、たとえ活躍の場を世界や他の地域に広げたとしても、自分たちが住んでいた故郷を素晴らしい場所だと紹介するような、そんな人に育ってほしいと心から願っている。
　そのような思いを共有して、全国で子ども観光大使事業を展開しているのが教師の民間教育団体であるTOSSである。全ての都道府県で子ども観光大使事業を展開するようにこれからも尽力していきたい。
　本書を著すに当たって、学芸みらい社の青木誠一郎氏には細部に

わたりご助言をいただき感謝申し上げる。

　また、TOSS代表の向山洋一氏には子ども観光大使の重要性を教えていただき、感謝の念に堪えない。

　毎年、子ども観光大使事業に対して後援並びに応援メッセージを寄せてくださる観光庁の皆さん、栃木県知事、県教育委員会、開催自治体の首長及び教育委員会、その他多くの後援をくださる団体の皆さんにも心より感謝の念を表したい。

　そして、何よりも栃木県子ども観光大使の事務局を務めてくれているメンバーにはこの場を借りて御礼の言葉を述べたい。平日は学校で勤務をしながら、帰宅後に計画や連絡・調整を行っている。休日にはボランティアで参加している。4年目を迎え、一人一人が自分で考え積極的に動いてくれている。念願であった、栃木県25の市町での開催も実現できる。

　2015年7月には、日光で全国大会も開催する。今後、ますますこの事業は重要性を増してくるはずである。

　これからも、一人でも多くの子どもたちが、未来の地域振興の主役となるべく、子ども観光大使を含めたまちづくり学習を展開していきたい。

2015年初夏

　　　　　　　　　　　　　　　　　　　　　　　　　松崎　力

◎著者紹介

松崎 力（まつざき つとむ）

1961年生まれ。宇都宮大学卒業。栃木県公立小学校教諭。
新採用時に教育技術法則化運動（TOSS）と出会い、教育技術の開発と教育技能の向上を研究。これと並行して、まちづくり教育・観光教育にも力を入れ、栃木子ども観光大使実行委員会会長を務めている。県内の小学生を対象に子ども観光大使事業を展開するとともに、日光東照宮で行われた第1回全国大会でも、現地実行委員会会長を務める。学校現場においてもまちづくり・観光教育の授業を実践。第1回観光・まちづくり教育全国大会にて大会会長賞を受賞する。
TOSS栃木代表・NPO法人栃木教師力向上センター代表。

小学校発ふるさと再生プロジェクト
「子ども観光大使」の育て方

2015年8月1日　初版発行

著　者　松崎 力
発行者　青木誠一郎
発行所　株式会社 学芸みらい社
〒162-0833 東京都新宿区箪笥町31番 箪笥町SKビル3F
電話番号 03-5227-1266
http://www.gakugeimirai.com/
E-mail : info@gakugeimirai.com
印刷所・製本所　藤原印刷株式会社
ブックデザイン　荒木香樹

落丁・乱丁本は弊社宛お送りください。送料弊社負担でお取り替えいたします。
©Tsutomu Matsuzaki 2015　Printed in Japan
ISBN978-4-905374-80-0 C3037

☀ このシリーズはネット書店などでもお買い求めいただけます ☀

書店専用注文書

授業の新法則化シリーズ（全リスト）

●下記にご記入の上、お近くの書店へお申し込み下さい●

書　名		ISBNコード	本体価格	税込価格	注文数
「国語」	～基礎基本編～	978-4-905374-47-3 C3037	1,600 円	1,728 円	
「国語」	～1年生編～	978-4-905374-48-0 C3037	1,600 円	1,728 円	
「国語」	～2年生編～	978-4-905374-49-7 C3037	1,600 円	1,728 円	
「国語」	～3年生編～	978-4-905374-50-3 C3037	1,600 円	1,728 円	
「国語」	～4年生編～	978-4-905374-51-0 C3037	1,600 円	1,728 円	
「国語」	～5年生編～	978-4-905374-52-7 C3037	1,600 円	1,728 円	
「国語」	～6年生編～	978-4-905374-53-4 C3037	1,600 円	1,728 円	
「算数」	～1年生編～	978-4-905374-54-1 C3037	1,600 円	1,728 円	
「算数」	～2年生編～	978-4-905374-55-8 C3037	1,600 円	1,728 円	
「算数」	～3年生編～	978-4-905374-56-5 C3037	1,600 円	1,728 円	
「算数」	～4年生編～	978-4-905374-57-2 C3037	1,600 円	1,728 円	
「算数」	～5年生編～	978-4-905374-58-9 C3037	1,600 円	1,728 円	
「算数」	～6年生編～	978-4-905374-59-6 C3037	1,600 円	1,728 円	
「理科」	～3・4年生編～	978-4-905374-64-0 C3037	2,200 円	2,376 円	
「理科」	～5年生編～	978-4-905374-65-7 C3037	2,200 円	2,376 円	
「理科」	～6年生編～	978-4-905374-66-4 C3037	2,200 円	2,376 円	
「社会」	～3・4年生編～	978-4-905374-68-8 C3037	1,600 円	1,728 円	
「社会」	～5年生編～	978-4-905374-69-5 C3037	1,600 円	1,728 円	
「社会」	～6年生編～	978-4-905374-70-1 C3037	1,600 円	1,728 円	
「図画美術」	～基礎基本編～	978-4-905374-60-2 C3037	2,200 円	2,376 円	
「図画美術」	～題材編～	978-4-905374-61-9 C3037	2,200 円	2,376 円	
「体育」	～基礎基本編～	978-4-905374-71-8 C3037	1,600 円	1,728 円	
「体育」	～低学年編～	978-4-905374-72-5 C3037	1,600 円	1,728 円	
「体育」	～中学年編～	978-4-905374-73-2 C3037	1,600 円	1,728 円	
「体育」	～高学年編～	978-4-905374-74-9 C3037	1,600 円	1,728 円	
「音楽」		978-4-905374-67-1 C3037	1,600 円	1,728 円	
「道徳」		978-4-905374-62-6 C3037	1,600 円	1,728 円	
「外国語活動」（英語）		978-4-905374-63-3 C3037	2,500 円	2,700 円	

書店印　　　　　　　　　　　　　　　　　　　　　合計　　　　　円　　　部

●必要事項をご記入のうえ、書店へお渡しください。
◇お申込み人
お名前
ご住所
ご連絡先　TEL

※ご不明な点等ございましたら学芸みらい社までご連絡下さい。TEL：03-5227-1266

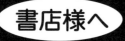

ご注文は下記までお願いいたします。
地方・小出版流通センター
〒162-0836　東京都新宿区南町20　　FAX03-3235-6182